# CHANGE OR DIE

# 应变

[美] 丹尼斯·魏特利
林伟贤
[马来西亚] Jason ZECK Lee
著

How to Succeed in a Volatile Global Marketplace

Help you to be a winner, help you to transcend people who is stronger, and make you to be a resourceful master.

北京大学出版社
PEKING UNIVERSITY PRESS

## 图书在版编目（CIP）数据

应变 /（美）魏特利（Waitley,D.），林伟贤，（马来）李（Lee,J.Z.）著. —北京：北京大学出版社，2013.10
ISBN 978-7-301-22761-9

I. ①应… II. ①魏…②林…③李… III. ①企业管理－研究 IV. ① F270

中国版本图书馆CIP数据核字（2013）第 146623 号

| | |
|---|---|
| 书　　　名： | 应　变 |
| 著作责任者： | [美] 丹尼斯·魏特利　林伟贤　[马来] Jason ZECK Lee　著 |
| 责 任 编 辑： | 宋智广　杨燕宏 |
| 标 准 书 号： | ISBN 978-7-301-22761-9/F·3661 |
| 出 版 发 行： | 北京大学出版社 |
| 地　　　址： | 北京市海淀区成府路 205 号　100871 |
| 网　　　址： | http://www.pup.cn　新浪官方微博：@北京大学出版社 |
| 电 子 信 箱： | sgbooks@126.com |
| 电　　　话： | 邮购部 62752015　发行部 62750672 |
| | 编辑部 82670100　出版部 62754962 |
| 印　刷　者： | 北京玥实印刷有限公司 |
| 经　销　者： | 新华书店 |
| | 787 毫米 × 1092 毫米　16 开本　13.25 印张　150 千字 |
| | 2013 年 10 月第 1 版　2014 年 10 月第 3 次印刷 |
| 定　　　价： | 42.00 元 |

未经许可，不得以任何方式复制或抄袭本书之部分或全部内容。

**版权所有，侵权必究**

举报电话：010-62752024　电子信箱：fd @ pup.pku.edu.cn

# 前言

我们身处变革的时代，无论是自然环境还是社会环境，都无时无刻不在变化。如果我们跟不上环境变化的脚步，必然会被时代所淘汰。达尔文在很早以前就向我们揭示了这样一个真理——适者生存。唯有充分地适应环境，我们才能得到更好的发展。

不仅个人如此，企业想要生存发展，也离不开内、外部环境的和谐。当内、外部环境发生变化的时候，企业如果不及时调整，必将走上绝路。

美国次贷危机以来，全球的金融市场全都受到影响，特别是欧债危机，使得中国企业的出口额骤减。因为中国有大量企业都是采取OEM（Original Equipment Manufacture，贴牌生产）形式，出口额减少，只好靠国内市场来消化，这对产能早就过剩的诸多产业来说，无疑是沉重的打击。再考虑到逐年升高的人力成本，使得原本利润率低下的生产制造型企业雪上加霜。近两年来出现的温州企业倒闭潮充分暴露了外向型经济的弊端。

中国相当多的企业面临内忧外困的局面，新一届领导班子上任后，必将带来政策上的调整，原来粗放型发展的企业首当其冲。可以预见，中国的很多行业在未来几年之内都会面临整合。这意味着每一个行业都会有一批企业死掉。

是轰然倒塌，还是浴火重生，这是摆在众多中国企业家面前的两条路。但要浴火重生又何其艰难，这是考验领导者应变能力的关键时刻，不懂应变，迟早会沦为变革的牺牲者。

如果你想成为超凡出众的领导者，就要及时掌握应变的技巧。在人群之中，最杰出的5%是真正的成功者，与泛泛之辈的界线可能仅为一线之隔。正如在奥运会的短跑比赛当中，赢家与输家的界线可能只有一毫秒。

人生也是如此。在商场上公认的领导者，专业能力、教育背景以及家庭环境造就出他们出众的学识与技能，其成长背景看似与一般人无异，但成就与格局却大不相同。这些领导者的优势不在于天赋、智商或运气，而是与日常生活合而为一的态度和行为。

我们志在让你也能获得这样的优势，让你成为有能力面对频繁变动、复杂性与竞争的真正领导者。通过课程的渐进式说明与指导，你将学会实现梦想所需的主要技能与知识，更重要的是能够提升自我管理技巧与行为，并使其自然而然地成为生活中的一部分。

当然，一个人的学习效果与投入的时间和精力成正比。我们不可能提供即刻见效的万灵药，但若认真学习，你的人生将会从此改变。

另外要说的是，这本书是我和林伟贤、Jason共同智慧的结晶，虽然由我执笔，但是书中的观点都是我们三人共同探讨的结果，在此感谢他们两人的努力与付出。为了使这些观点更加鲜明、生动,我以自己以及身边亲人或朋友的经历为例子,来加以说明,希望你能更轻松地接受,更好地内化书中的理念。

丹尼斯·魏特利

目录

## 01
### 为何要成为应变大师

做合格的未来领导者 / 003

企业所处环境正在变革 / 009

理念变化要跟上 / 015

你的企业文化过时了 / 020

员工有了新典范 / 026

培养领导者的应变力 / 028

## 02
### 了解自己，订立标杆

不要给自己设限 / 038

对自己充满期待 / 044

发现你的优势 / 047

解析自己——DISC的应用 / 059

## 03
### 提升你的内在价值

你的价值由什么决定 / 071

帮你的员工重塑价值 / 075

有价值才有自尊 / 080

## 04
## 设定未来的目标

目标就是有期限的梦想 / 097

设定目标的五种力量 / 102

## 05
## 敢于负责才能成功

做个敢于负责的人 / 110

成功的代价 / 116

学会自制是成功者的必修课 / 120

## 06
## 时时刻刻讲诚信

永远不要失去诚信 / 129

诚信三部曲 / 136

## 07
## 点燃成功的欲望

成功的动机 / 145
善用欲望的力量 / 150

## 08
## 不要让习惯控制你

形成好习惯 / 161
改掉坏习惯 / 169

## 09
## 把自主权还给员工

对员工常说五句话 / 177
激发员工的力量 / 180
重视和员工的沟通 / 187

## 10
## 成为真正的应变大师

珍惜时间和健康 / 193
追求美好的人生 / 198

# 01
## 为何要成为应变大师

## 做合格的未来领导者

每个人都希望能够了解未来,掌握未来,但未来是不可知的,唯有在今天掌握应变的能力,才能更好地适应未来的环境。

我们无法预料未来将如何,但我们真心地希望你在未来的表现比竞争对手好,企业经营得比你的竞争对手更长久。我们希望你能成为应变大师,而不是变革之下的牺牲者。

### 1. 未来的领导者要提升自我管理的能力

要想更好地适应未来,做一个胜任的领导者,你必须在掌握管理他人的技能之前,提升自我管理的能力。如果你不能管理自己,又怎么能管理别人呢?同样的道理,如果你不值得尊重的话,凭什么要别人尊重你?如果你不值得爱,凭什么要别人爱你呢?所以你要成为员工的榜样,成为受员工尊敬和爱戴的领导。

要想赢得员工的心,你要先了解自己,理解他人。正如老子所说:"知人者智,自知者明。"了解并领导他人,需要智慧;了解并领导自己,需要明智。领导者要能够说出那些对员工而言很重要的话。如果你只说自己想说的,而非他们想听的话,那么你的员工何必在乎你说些什么?每个人在需求、渴望、问题以及热情等方面的信念不同,若无法取得共鸣,那么你只是在自说自话罢了,而他们只在乎对自己重要的事情。我们要聆听每一个人的心声,而且要对他们讲的话感兴趣,并尊重他们的意见。

## 2. 未来的领导者要擅用"对话圈"

我们一直强调"对话圈"的概念。在过去的四十多年里,我们跑遍全世界,到访过很多世界知名的公司,如微软、通用电气、丰田、奔驰、新加坡航空公司等,并进入这些公司内部近距离观察:为什么这些公司特别?为什么它们能做出优异的成绩?我们的结论是:它们的想法与众不同,这些公司让每名员工都有机会表达意见,让员工重新找回自主权,让他们也能尽情发挥才能,这才是未来企业的做法。

而很多其他的公司,一旦有员工发表意见,公司的领导就会说:"你说的那些,我们去年就试过了,完全行不通。你的点子也不错,但不适合我们公司。"员工的意见也许不行,可是,你必须尊重他的意见以及他提意见的权利,否则他以后怎么敢再发表意见呢?

世界上的人形形色色，有些人喜欢说话，有些人则喜欢聆听。通过"对话圈"，你可以让想讲话的人讲话，不想讲话的人则可以不讲，要让每个人都有机会发表意见，但并不是强迫他们讲话。"对话圈"的另一个重要作用是：督促企业领导者让自己的员工了解特定的规定。在做某事之前，先告诉他们做这件事的目的是什么，并且让他们知道，将来会有充分的机会讨论工作的内容，到时允许他们发表意见。最后还要进行总结。事前说明要清楚一点，这样他们才会知道计划、流程；给他们提供分享、讨论的机会，员工才会相信自己的意见是重要的。

企业领导者只有重视员工的意见，才有利于员工的成长。以前，培训只是企业人力资源部门的一项基本工作内容，虽然重要，但不具有关键地位。但今天，以及未来却不一样，从今天开始，人力资源的发展是最重要的，你必须能够启发你的员工，挖掘他们的潜能，而不是只提升他们的工作技能而已。

请记住，个人的成长和企业的成长是同步进行的。这个世界上没有什么企业的问题，只有人的问题，人的问题就会影响到企业。你的企业将来如何，取决于你的员工，而你的员工将来如何，取决于你。

## 3. 未来的领导者善于启发人心

未来的领导者和今天的领导者大不一样，他们必须更能启发人心，要让员工能够自主自觉地工作。现在的美国虽然是世界上首屈一指的经济强国，但如果美国的企业领导者不能最大限度地激发员工的潜力的话，美国是不可能保住现在所取得的成就的。

现在美国的问题是，因为美国的富强，大多数人都带有相当的优越感，美国不但成年人富有，美国的孩子也有钱，但这些钱不是他们自己挣来的，而是家长给的。因为可以不劳而获，美国的下一代已经丧失了奋斗的激情。

更严重的问题是，娱乐、媒体、好莱坞、摇滚明星、互联网等给人们带来的满足感，使得美国人越来越耽于享乐。所以美国未来唯一的期望就是业绩辉煌的大企业了，没有苹果，没有谷歌，没有微软，就没有美国了，美国将沦为一个二流国家。美国企业如果还要保持当前的竞争力，就必须让员工重拾他们的活力。我们希望，美国的企业能多培养应变大师，企业领导者学会怎么应变之后，把它传授给员工，员工学会怎么应变之后，再把它传授给自己的孩子。他们在工作上有领导力，回到家也要培养孩子有领导力，这才是领导统御。

同样的，五年或十年之内，中国的企业也必须把自主权还给员工，要能够启发他们。因为全球竞争太激烈了，竞争来自各方面。我们现在的生活基本上已经电脑化了，发明电脑的初衷是为了让我们的生活变得更轻松，结果现在却让生活更复杂。任何问题，通过电脑搜索一下，就可以找到答案，根本不用思考；信息的传播速度也大大加快，这样大家不管做什么事情，速度都更快了，但速度快并不意味着不存在问题。

中国有很多高速公路，每条高速公路都有多条车道，开车应该轻松才对，但事实上，好像是路越宽就越堵车。就拿国际大都市上海来说，每到高峰时间，路上就堵得寸步难行。

光是快还不够,我们要不断地改变。改变、复杂度,以及竞争,这三个概念要牢记。身为企业领导者,你必须改变自己的想法,因为未来掌握在你手中。

> 从前,有一位非常有智慧的老人和一个非常狂妄的年轻人。这个非常有智慧的老人每周六都会到村子里,把他的智慧跟大家分享,帮助村里的人解决问题。
>
> 可是这个年轻人看到老人备受村民的欢迎,就非常嫉妒。他是个企业家,曾做过DISC测试,是D型的人,即强势支配型。他心里想:"我要让这个老人公开出丑。他下次来村子里的时候,我也去,并且我会把一只麻雀放在我的手心里,然后问那个老人家,我的手里有什么,他可能会猜出是麻雀。那我就接着问他,这麻雀是活的还是死的。如果他说麻雀是活的,那我就把这只麻雀捏死,那他就错了嘛;如果他说这只麻雀是死的,那我一打开手心,麻雀就会飞走了,那他还是错的。"
>
> 周六的时候,那个有智慧的老人又来到村子里帮助大家。年轻人说:"嗨,老人家,猜猜看,我的手心里有什么?"老人家说:"你的手心里有一只可爱的麻雀。""老家伙,那你再说说看,这只麻雀是死的还是活的啊?"年轻人接着问。
>
> 村民们都好奇地围过来,盯着老人家,看他会怎么回答。"嗨,你这老家伙啊,你的答案到底是什么?"年轻人催促着。老人家犹豫了,这个年轻人心里就想:"哈哈,逮到你了吧,你平常口才那

> 么好,现在你无言以对了吧?"然后他大声说:"我再问一次,这个麻雀是死的还是活的?"这个老人家微笑着说:"这只麻雀的未来,是死是活,都掌握在你的手里。"

未来也是如此,是好是坏都掌握在你的手里。你正活在世界上最精彩的地方——亚洲。亚洲是世界第一大洲,也是人口最多的洲。亚洲有非常悠久的历史和文化。著名的世界四大文明古国中有三个在亚洲,分别是中国、印度和古巴比伦。在很长的时期内,亚洲的经济和文化水平曾经在世界上居于领先地位,此外还有许多发明创造,为世界做出了巨大贡献。

中国可谓亚洲的核心,有人预言,中国到了2030年的时候,有望超越美国,成为全世界第一大经济强国。到了那一天,中国将成为世界的核心。届时,中国的企业家将登上世界的舞台,用自己的聪明才智造福全人类。

可以说,世界掌握在你手里,未来掌握在你手里。你必须对你的家人负责,对你的孩子以及子孙后代负责。你一定要想办法在未来领导世界五百年,这个决定权在你,因为你比别人更有机会,所以你必须负起这个重大的责任。你准备好了吗?

你的人生有两个选择,要么成为一名应变大师,要么沦为变革的牺牲者。你是想站在改革的浪尖上,成为一名弄潮儿,还是甘心被改革的浪头压垮?

## 企业所处环境正在变革

企业的发展离不开内、外部环境的和谐统一。而内部和外部环境时时刻刻都在发生变化，如果企业跟不上环境变化的脚步，终将会被淘汰。

### 1. 国际形势对中国企业的影响

自从美国次贷危机引发全球金融危机以来，国际上的经济格局发生了很大的变化。欧债危机使得欧盟深陷泥潭，美国经济增长也呈疲软态势，甚至全球的经济局势都很紧张。

欧债危机爆发于2008年后，到现在已经好几年了。先是2008年10月，北欧的冰岛主权债务问题浮出水面，然后是2009年12月，希腊的主权债务问题凸显，紧接着葡萄牙、西班牙、爱尔兰、意大利等国接连暴出财政问题，德国与法国等欧元区主要国家也受到拖累。尽管欧盟采取种种措施力图挽救此次危机，但并未取得立竿见影的效果，不知道欧盟国家什么时候才能够走出泥潭。

欧盟本是中国最大的出口市场，欧债危机爆发以来，欧盟国家的经济增长放缓，外需下降，直接影响中国企业的出口情况。根据德意志银行亚洲区首席经济学家马骏的研究，欧美经济增长每下跌1%，中国出口增长就要下跌6%。以出口为主的企业，如果不能多方寻找新的利润增长点，而单纯依靠出口的话，企业的发展前途堪忧。

另外，欧债危机的爆发，加剧短期资本流动波动性。世界各国为避风险，资金纷纷回流美元。此外，世界各国也把目光转向中国，因为跟美国相比，中国也算是一个安全港，GDP增速稳定，人民币对美元依然有升值的压力，而中国国内通货膨胀预期加大使国内加息的可能性大增，这样就增加了中国和发达国家之间的逆差，于是中国将成为吸引避险资金，包括逃离资金流入的重要目标市场，有可能会面临更加汹涌的短期资本流入。这会加大央行冲销压力，进一步加剧国内的通货膨胀和资产价格。

从2006年春季开始，美国的次贷危机逐步显现。次贷危机是指发生在美国，因次级抵押贷款机构破产、投资基金被迫关闭、股市剧烈震荡引起的金融风暴。受其影响，美国、欧盟和日本等世界主要金融市场出现流动性不足危机。次贷危机引起美国经济及全球经济增长的放缓。但美国经济基本面强健，不乏继续增长的动力。因此美国有望快速走出经济低谷。

> 次贷危机是指发生在美国，因次级抵押贷款机构破产、投资基金被迫关闭、股市剧烈震荡引起的金融风暴。

但美国的经济已经回暖并不意味着对中国经济的负面影响减小。由于美国的进口需求疲软，造成中国出口增长下降，不仅影响了中国经济增长的速度，也使整个社会的就业压力增加。根据2012年秋季广交会的统计数据，受欧债危机、美国经济复苏乏力等影响，中国的出口成交量对欧盟、美国分别下降10.5%、9.4%。广交会的成交情况能够在一定程度上反映中国企业未来6个月的出口状况，成交量的下滑显示出中国的制造业即将到达极限。因为中国企业多采用OEM的形式，这种加工贸易出口的方式一旦受到影响，就会导致大量制造企业破产。

特别是近年来美国投资到国外的制造业企业出现的回流现象更使中国

制造企业雪上加霜。所谓的回流，即跨国公司将制造业投资和生产能力从海外向国内转移，既包括把海外的工厂迁移回国，也包括在本土建设工厂，取代在海外建厂或采购的计划。回流的加大，将使中国制造企业的OEM形式遭受灭顶之灾。

欧美经济的衰退，将会使本来已经在宏观调控之下减速的中国经济面临更大的风险。因为中国改革开放30多年来，一直以外向型经济为导向，采取低价向欧美国家出口产品的政策，造成同一商品国内价格远高于对外出口价格的不正常现象。一旦出口受限，我们为了维持经济的高速增长，就要大规模加大基础设施建设，导致资源浪费、重复建设、环境污染等诸多问题，甚至会增加国际贸易摩擦。2012年9月6日，欧盟正式宣布对华光伏组件、关键零部件（如硅片）等发起反倾销调查，涉案金额超过200亿美元，是迄今为止欧盟对华发起的最大规模贸易诉讼。

近年来中国大力发展光伏产业，已形成较为完整的光伏制造产业体系。但同时也造成了产能严重过剩，市场过度依赖外需，企业普遍经营困难等现状。中国的光伏产业有95%的市场都在国外，国内的应用还是十分有限。如果欧盟对中国的光伏产业实施反倾销案，那么将给中国光伏业带来致命打击。中国光伏产业将遭受灭顶之灾，竞争优势不复存在，约30万从业人员将受到冲击。

光伏产业的现状充分体现了产能过剩与产业结构调整的矛盾，产业升级势在必行。随着欧债危机的爆发，中国依赖出口的产业为了适应现状，必然会对自身进行产业结构调整，其结果是出现一批收购、兼并型企业，不少中小企业被竞争实力较突出的企业所兼并。在这个过程中，不懂应变的企业必然面临被整合、被吞并的命运，如果想改变这个命运，就要发挥应变能力，抓住市场机遇，积极进行升级。

随着经济全球化的日趋明显和中国市场多元化战略的实施，非洲市场已成为中国开拓市场多元化的重点之一，2008年中国与非洲进出口贸易首次迈上千亿美元的新台阶。近年来非洲发展尤为迅猛，特别是2010年南非世界杯让全球的焦点聚焦到了非洲。中国已成为南非第三大贸易伙伴国，中国早期涉足非洲的很多企业都已经尝到了甜头。非洲国家在经济上与中国互补性强，多数国家工业化水平低，工业产品价格高，产业与技术梯度低于中国，是中国产品、设备、技术、资本转移的最佳地区。

对于中国企业来说，东南亚地区的印度尼西亚、菲律宾、马来西亚、越南，也是很大的市场。其优势是，他们人口基数众多，经济正在逐步快速发展，但劣势也很明显，一是很多美国企业现在已经进入东南亚市场，二是越南、菲律宾等国对中国有很强的防备心理，中国企业进入越南、菲律宾等国市场的难度很大。

## 2. 国内形势对中国企业的影响

在中国办企业最不能忽视的就是政治环境。近年来，对中国企业影响最大的，莫过于领导人换届以及十八大的召开。2013年年初，国家主席习近平和国家总理李克强上任，所谓"新官上任三把火"，两位国家领导人的施政方针在"十八大"报告中初见端倪，那就是"公平"和"幸福"。

为了体现"公平"和"幸福"的施政方针,国家必定会出台一系列政策,企业必须进行调整,才能适应新政策。

公平体现在哪里呢?

首先,体现在收入分配上。现在贫富差距过大,已经引起一些激烈的社会问题。国家必定会出台一些措施,调节收入的初次分配和再分配问题,促进收入分配更加合理、公平。

社会不公平的严重问题集中体现在外来务工人员上。尽管他们为各地的建设做出了应有的贡献,却无法享受当地的各种优惠待遇,在购房、医疗、子女教育等问题上受到各种限制,其权益并没有得到应有的保障。这些问题以后有可能越来越尖锐,是新一届领导班子无法忽视的问题,急需国家出台一系列的政策,使用一些新的方式来解决这些问题。

外来务工人员的权益得到保障,也就意味着人力成本将大幅提高,十八大报告中提到,到2020年,国民生产总值和城乡的人均收入比2010年翻一番。在这个目标的带领下,人力成本的提高是大势所趋。事实上,近几年,中国的劳动力市场已经渐渐显露出这个趋势。众所周知,中国很多企业都是OEM的形式,利润率很低,人力成本再攀升的话,很多企业将难以为继。

在这种情况下,很多企业必将关门大吉,企业与企业之间也会进行一轮激烈的整合过程。要想在这个过程中生存下来,企业必须充分发挥自己的优势,适时应变,提高企业的规范化运作水平。当然,在这个过程中,国家也会出台相应政策,对中小企业进行扶植。毕竟中小企业是国民经济中不可忽视的一部分,但如何搭上这班顺风车,就看各个企业的应变能力如何了。

其次，提倡公平，不可避免地涉及腐败问题。近些年来，腐败问题日益严重，对中国的正常经济发展产生了干扰作用，导致民怨载道。新一届领导班子已表现出了很强的反腐决心，对一切违反党纪国法的行为都必须严惩不贷，在接下来的几年里，中央将会频频开展反腐工作。

反腐力度的加大，必然会对依靠向政府寻租生存的企业产生影响。在过去的若干年里，有些企业通过耗费巨大的成本和政府建立"关系"，以求得社会资源的倾斜，进而获得巨大的经济利益。在中国，很多社会资源都掌握在政府手中，政府又会以"特许经营权"的形式，将资源转移到一些企业。这其中，必然会滋生腐败行为。

很多民营企业通过向政府寻租，从国有企业那里分得了一杯羹，从而走上顺利发展之路。但是反腐力度加强后，这种有利势头就将减少，这些企业的前景艰难，如果不能及时调整，前途未卜。

换个角度来看，某行业中因寻租行为而大量获利的个别企业受到限制后，对其他企业来讲，将迎来很好的发展空间。

最后，公平还体现在缩小城乡差距和东西部发展的平衡上。中国城乡二元结构的形成由来已久，为了遏制城乡差距进一步扩大的势头，国家将会采取一系列措施发展农业经济，提高农民收入。

东西部发展不平衡的问题也亟待解决。为了实现人均收入翻番的目标，必须大力发展中西部地区，把相关产业向中西部转移。

城乡平衡以及东西部平衡发展势在必行，但在此过程中，必然给企业带来正反两方面的影响。到底是机遇还是挑战，就看企业能否把握好发展大势。

"幸福"就要涉及产业调整，既然要提高国民的幸福指数，那么跟幸福有关的产业都将在未来几年得到调整，比如医疗、教育、文化产业等。为了改善自然环境，我国已经逐渐限制高污染、高排放的产业，大力发展清洁能源产业。身处这些行业的企业，将迎来新一轮发展契机。相对的，有些企业因为所处产业的发展趋势，不得不面对日薄西山的困境。

高新技术，如物联网、云技术的蓬勃发展，必定使线下的销售受到限制，一些相关产业遭受到网络技术的迎头痛击。比如出版行业，电子书的大发展，使得低质出版物的销量受到猛烈冲击。而电商的发展，比如天猫、淘宝、京东等线上卖家，强势抢占了线下卖场的销售份额，这都使得企业必须调整自己的发展思路，顺应形势而发展。

## 理念变化要跟上

我们居住在一个崭新的世界，社会快速变迁，技术发展日新月异，一天的改变相当于我们祖父辈十年的改变。我们所处的时代是知识经济时代，在这个时代，唯一不变的规则就是改变，以前行得通的事，现在未必可行。因此要想成功，就需要建立一套个人策略，即便只是活下来也是如此。

我们先来看看世界到底有了哪些变化：

## 1. 以前权力来自资源，现在知识就是力量

在过去，国势的强弱，取决于自然资源的丰富程度，如石油等。澳大利亚以及非洲等有着丰富自然资源，中国近年来就能源方面与他们有了更多合作。目前中国自己也在积极开发自然资源，像太阳能、风能等。

中国虽然地大物博，但是在一些重要自然资源的可持续利用和保护方面正面临着严峻的挑战。为此，中国把节约资源和保护环境作为基本国策，发展循环经济，促进生产、流通、消费过程的减量化、再利用和资源化。

另外，现在资源的需求重点也在发生变化，因为环境污染的加重，以前完全免费、随处可见的淡水、空气，现在已经变得越来越珍贵。如果我们的环境不能改善的话，在未来，干净的水、空气将成为稀缺资源，需要支付高昂的费用。过去几十年，谁控制了石油，谁就能在国际上掌握话语权，现在，石油等自然资源虽然还很重要，但是真正具有力量的，是知识，知识才是未来的第一大力量。所以，现在世界各国争夺的焦点已经从单纯的自然资源变成了知识产权。目前，很多国家都把知识产权的保护提升到战略高度。

## 2. 以前领导者负责发号施令，现在领导者负责授权与辅导

过去企业的领导者通过发号施令来进行管理，就好像是军队的长官对士兵下命令一样。更有甚者，早在19世纪，当时流行的科学管理，是把

人视为机器，每个动作都要进行标准化，完全忽略了人的感情因素。但今天情况不同了，人力资源不足，合格的员工和管理人员都紧缺，而且劳动力成本越来越高。以北京市为例，2011年，北京市职工年平均工资为56061元，是2001年的3.1倍。劳动力成本上涨已成为制约中国乃至亚洲中小企业发展的普遍问题，部分制造型企业受此影响陷入经营困局。

在人力资源少的情况下，企业领导者更要重视人才。你要吸收他们的价值，但又不能强迫他们做事，而是要启发他们，所以今天的企业领导者要让员工能够自主自治，而不能只是下命令。

特别是对中国人的性格特点来说，你命令他做事，他往往不会尽全力。而若让他自主，他则往往会发挥百分之百的实力。这就是"要我做"和"我要做"的区别。

## 3. 以前领导者要求他人尊重自己，现在领导者要学会尊重他人

根据马斯洛需求层次理论（见图一），人的需求可以分为五种，按层次逐级递升，分别为：生理上的需求，安全上的需求，情感和归属的需求，尊重的需求，自我实现的需求。由此可见，在人们满足了生理需求和安全需求后，尊重的需求变得越来越重要。

中国是礼仪大邦，其中大部分的礼仪都是在讲如何尊重别人，可见中国人非常重视尊重。以前的企业领导者都会通过善待员工去赢得员工的尊重，现在的领导者不但要赢得员工的尊重，更要反过来去尊重员工，不然

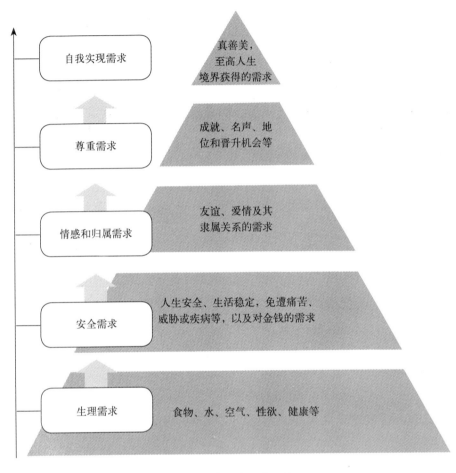

图一 马斯洛需求层次理论

你的员工就会跳槽到能尊重他们的公司去服务。中国有句古话叫"良禽择木而栖",良禽都可以选择更好的枝头,何况是人呢?

现在劳动力市场完全放开,企业和员工是双向选择的。特别是《劳动合同法》颁布实施以后,员工离职的手续简便,且不需要向企业支付违约金,使得员工跳槽变得越来越容易,员工有更多的机会选择企业。如果一个企业不懂得尊重员工，员工就会弃它而去。

领导还要懂得启发员工，员工必须受到启发，充分挖掘潜能，才能为企业做出更大的贡献。让员工能够自我尊重，让他们更相信自己有能力，他们就能更容易地发挥能力。一个好的领导者，必须能够启发员工、辅导员工。只有员工会做、愿意做，才能做得更好。

### 4. 以前是员工听命行事，现在由团队"自作主张"

过去的员工，听命行事，企业领导者要他们做什么，他们就做什么，完全没有自主性。可是实行现代化管理后，领导者面对的是一个一个团队，只需要管理团队就可以，而不必直接管理每个人。管理团队，最好的办法就是让团队自己做决定，只需要给他们设定目标，具体如何完成任务，需要团队自行决定，而不是成天等着领导者指手画脚地下命令。此时，员工也是团队的领导，每个人都是领导。

### 5. 以前价值是附属品，现在价值决定一切

以前人们看重的是价格，东西越便宜越好，同样的东西，人们倾向于货比三家，选择价格最低的。那个时候，任何的价值都是多余的。而现在人们更看重的是价值，在购买东西时，大家首先考虑的是质量、品牌，是物品以外的价值。世界上有众多的奢侈品存在，就说明了价值的重要性。以化妆品为例，只要物质条件允许，人们都倾向于买昂贵的而非便宜的，

因为在人们的眼中,贵的才是好的。此时物品的实际价值已经不重要了,人们更注重附加价值。

### 6. 以前企业只靠"短视近利",现在要靠诚信才能获利

以前企业只要能快速赚钱就好,完全不考虑后果:一方面,造成严重的污染,工厂排放着大量黑烟,造成空气污染严重,2013年年初,北京等城市长时间的雾霾天气让人们再一次意识到空气污染的严重性;大量的化学性物质随着工厂排放的污水,污染了我们的水资源。另一方面,由于人们的短视行为,杀鸡取卵,涸泽而渔,过度开采、使用,使得各种珍贵资源大量浪费,可再生资源得不到延续,一些不可再生资源消耗殆尽。

以前我们根本不在乎这些,只想着赶快赚钱。大家都想着快速发家致富,最好是一夜暴富。现在人们终于知道做这些事的后果了,开始重新看待环境。国家已经把可持续发展提升到战略高度,积极发展可再生能源;企业也应调整经营方针,提倡节约生产、绿色生产。

未来更需要我们思考什么叫诚信,光赚钱是不够的,还要考虑赚钱之余会带来什么影响。

## 你的企业文化过时了

国内企业与跨国企业的文化正在发生重大改变,墨守成规、故步自封

的公司终将会被市场淘汰。你的企业也不例外，也许你的企业文化早已过时，你却浑然不知。企业要发展，先要更新企业文化。现在只命令员工没有用，必须通过启发员工去达成公司目标，否则压力很大。再加上外部复杂环境，竞争激烈，不调整企业文化，企业只会停滞不前。美国很多优秀公司的领导者，都是应变大师，他们为了企业的生存而应变，为了企业的发展而应变。

## 1. 即将被淘汰的企业文化

有很多落伍的、老旧的企业文化，在 5 年之内肯定会被淘汰。看看你的企业是否有以下几种企业文化：

• **为股东提供最大的短期投资回报**

股东投资就是为了获得最大的回报，一分耕耘，一分收获，本来是天经地义的事，但是有些企业为了获得股东的进一步投资，维护股东利益，把所有的精力都放在了获取最大效益上，一切向钱看，而不管会产生什么样的后果。有些企业甚至不惜违法乱纪，也要获得暴利。

• **随时撤换员工，漠视员工价值**

通过随时换掉员工来赚钱。员工做不好，换掉！老员工薪酬过高，也要换掉，重新招聘新员工就好了，可以大大降低工资水平。老板以及各级主管，根本不懂激励员工，反而漠视员工价值，两只眼睛只会盯着员工工作，逼他们努力，如果员工工作稍有松懈，立即换掉，找个新的员工顶替，然后再逼下一个人努力工作。公司要求员工努力工作，这没有错，但不要忘记，让员工努力，要通过启发、激励的形式，而不能强迫。

• **制造废弃物，污染环境**

过去的企业只关注经济效益，追求短期利益。为了节省成本，把大量的废水、废气直接排放到自然环境中，造成严重的环境污染。再加上政府相关部门监管不力，污染越来越严重。

以工业废水为例，工业废水直接流入渠道、江河湖泊，污染地表水，毒性较大的能导致水生动植物的死亡甚至绝迹。还可能渗透到地下，污染地下水，进而污染农作物。如果周边居民采用被污染的地表水或地下水作为生活用水，会危害身体健康，重者死亡。有些工业废水还带有难闻的恶臭，污染空气。

在这方面，世界很多国家都有相关案例，为我们敲响了警钟，不得不慎重。

• **中央集权，直属上下级管理**

以前企业实行的是中央集权管理，总经理、总监、部门主管，然后才是员工，由上一路管到下面去。基本上是垂直管理，下级必须听从上级的命令，而不能有任何反抗。各种信息，经过一层一层过滤，到达员工这里已经完全失真，而且非常滞后。这样的管理形式根本无法适应市场瞬息万变、消费观念改变日新月异的局面。因为市场第一线的员工是离客户最近的，能够第一时间把握到市场的变化。尽管这些员工，可能年纪最轻、工资最低。

企业领导者若总是高高在上，以为自己能够掌握全局，必然会错失良机。要让员工们发表意见，集思广益，因为他们就在最接近客户的地方，能够直接了解客户的需求。领导者不能只是坐在办公室里面,看看数字,看看报表,很多时候更是拍脑袋管理,而是应该从事启发人心的工作,光坐在办公室里怎么能知道客户要什么?

## 2. 顺应潮流的新企业文化

什么样的企业文化才能顺应时代的发展呢?

### • 为股东提供最大的长期投资回报

每个企业都应该为股东带来回报,不然的话,股东为何要投资?但是,提供投资回报要考虑到长期性、可持续性,用杀鸡取卵的方式获得利益,并非真心维护股东利益。从股东的角度来说,他们也希望企业能够如期发放股息,而不是开始时回报丰厚,过段时间就毫无踪影。每个股东都希望企业领导者懂得应变,而非投机取巧。所以,公司不但要赚取优厚的利润,而且要稳定地经营,持续地发展,这才能让股东放心投资。

### • 让训练有素的团队传递核心价值

考核员工时,要根据其绩效来支付报酬。如果团队受到启发努力工作,你根据其成绩支付薪资报酬的话,他们更能够看到自己对公司的价值。有这种积极的员工,长期而言,你会获取最大的利润。

苹果公司就是这么做的。它给每个员工都提供讲话的机会,提出他们的想法,提出他们的建议、点子,再怎么异想天开,甚至傻到家的点子都无所谓。这种做法可以使公司找到更好的解决方案。一个好点子可以来自公司里面任一个角落。

中国著名的企业海尔公司就设有意见箱，并定期组织企业全体员工进行合理化建议活动，如果员工所提的建议能够促进经济效益的提高，那么该项目就用其名字来命名。这一活动的开展，极大地调动了员工的生产积极性，至今，员工所提建议创造的经济价值已达数亿元。

- 满足客户不断改变的要求

你投资了金钱以后，要着眼于长期的获利以及利润最大化。而这一点，只有不断地满足客户的需求才能做到。著名的iPhone手机，为何一经推出，就受到大众的疯狂追捧？就是因为这款手机能够很好地理解用户需求，其功能设计、界面设计都以用户体验为第一位。不能满足客户需求的产品，又怎么会使用户买单？

- 顺应瞬息万变的全球市场

在这个快速变迁的世界里，不断地推陈出新是大势所趋。市场在变，客户的欣赏水平在变，我们的产品若是不变，又怎能适应市场？但凡发展顺利的公司，都在不断更新换代，力求做到最好。不懂得创新，终将被市场淘汰。

2012年申请破产保护的柯达公司就验证了这一点。作为有着131年历史的世界上最大的影像产品及相关服务的生产和供应商，曾经在中国的感光材料市场上占据了50%以上的市场份额，如今轰然倒下，其主要原因是反应迟钝，没有认识到数码技术带来的冲击。管理层作风偏于保守，满足于传统胶片产品的市场份额和垄断地位，缺乏对市场的前瞻性分析，没有及时调整公司经营战略重心和部门结构，决策犹豫不决，错失良机，以至于现在难以为继。

- **提供最高质量的产品和服务**

无论何时,高质量永远都是产品的根本,越是高质量,越能获得用户的青睐。追求高质量,已经不是企业的目标,而是基本的行为准则。

另外,在提供高质量产品的同时,也需要高品质的服务。在新的环境下,企业的竞争已经从产品的竞争转移到服务的竞争上来。未来的企业必须把服务上升到企业形象的高度来看待,使优质的服务成为企业经营的主要指导思想以及良好形象的最重要部分。

素有"蓝色巨人"之称的IBM曾一度提出过"IBM就是服务"的口号,这句口号凝聚了IBM公司多年来苦心经营的用户至上的理念,也是IBM众多工程师、客服人员和管理者不断超越自我、追求卓越的表现。正因为如此,才在用户的心目中留下"买IBM其实买的是质量和服务"的良好印象。

# 员工有了新典范

在新的形势下,企业员工的角色也发生了很大的转变,他们不再是企业发展中备受忽视的主体,而是未来企业的主人。在未来企业中,员工的素质将是决定企业发展水平的关键因素。

## 1. 工作自主性强

未来的企业应该对员工进行最低限度的监督管理,提供最大限度的职能培训。新员工必须能够自主、能够自治,不用人监督,就可以主动工作。一般来说,每个员工进入企业都想有一番作为,之所以消极被动,肯定有各种原因,也许是私人的,也许是公司政策不合理。不管是哪种原因,公司都应该为员工提供发展的平台,消除各种不利因素,让员工能够安心地工作。

## 2. 有意义的工作、健康的工作环境

企业不仅要为员工提供安全舒适的工作环境,也应该让员工认识到,工作并非只是赚取工资,满足温饱,更具有重大的意义,比如获得成就感、实现自我价值、改善社会的使命等。每个员工只有意识到在公司里自己的工作是很重要的,他本人是不可或缺的,才能以饱满的精神、积极的心态投入工作。

在现代社会,实行分工以后,每项工作都被细化成若干环节,员工

很难体会到成就感。以前生产一双鞋子，工人负责所有的工作，直到一双双鞋子在他们手里诞生，能够看得见成果，就非常有成就感。但现在不同了，生产鞋带的只负责鞋带，生产鞋底的只负责鞋底，生产鞋帮的只负责鞋帮……工人看不到成本，只会感到越来越无聊，对工作失去信心和兴趣。

### 3. 有明确的职业生涯规划

拿破仑说过："不想当将军的士兵不是好士兵。"在企业里，每一个人都有晋升的欲望，哪怕是最底层的员工。未来的企业要以培训、辅导为主，并与员工一起，设计明确的职业生涯规划。还要积极为员工打造晋升通道和发展平台，并制定完善的标准，让员工明白：符合什么样的标准，就有什么样的晋升机会。

### 4. 以绩效水平作为奖励与薪酬标准

未来的企业要让员工知道，他们天天在这里坐着上班，不只是为了那一份死工资而已，而是把工资和利润挂钩。员工的表现越好，绩效越好，相应的，报酬也就越高，晋升的机会也越大。

### 5. 能够成为团队领导者

每个人都有领导力，不是只能听命令而已。要培养员工的综合能力，使其成为能力出众，但不骄傲自满，愿意与团队共同努力的人。

总而言之，未来的企业要知道下面的人怎么想，他们要什么，帮他们更好地了解自己。在我们看来，在众多的美国企业里，那些能够知道员工有什么欲望、有什么需求的企业都是成功的。换句话说，如果每位员工都热爱自己的工作，都能受到领导的启发；如果每位领导者都愿意听员工的建议，能够给员工提供发表意见的机会，把每位员工都当成不可或缺的家庭成员，而不只是符合职务描述的员工而已，那公司就可以赚更多的钱，业绩也会增加得更快，而且员工的流动率会降低，请病假的次数会减少，因为员工就是喜欢来上班。

听起来好像太温柔了，但这是真的！如果你相信员工的话，员工当然愿意为你卖命。

## 培养领导者的应变力

既然员工有了新典范，那企业领导者如果不进行相应的转变，是无法驾驭未来的员工的。据调查，有68%的员工选择离开公司，原因就在于他们的领导。你要想留住员工，就要使自己成为领导型的应变大师。不断挑战自己的假设，包容来自个人职责领域内每个角色的想法与意见，你也将变成坐拥未来的成功领导者。

身为未来的领导者，你将会迎接改变，而非抗拒改变。要学会化改变为助力，而非阻力，并发展出独一无二的策略与技能，让你能从挑战之中创造机会。就如同冲浪者，你会乘风破浪，运用你的知识、态度、技能与习惯抵达目的地。你不会执着于抢攻市场份额，而是开拓新的市场。你会在确认自己的强项之后，确实执行、认真投入，应对全球化的竞争。

要想成为应变大师，你要了解自己，凝视自己的内心，评估个人特有的天赋与技能，寻找专业领域中的杰出人才并将其作为推动你向前的榜样与精神导师。你已经了解阻碍你达成伟大理想的是过去的制约与心理极限，而不是生理限制。你了解你的自我形象就像一只恒温器，可通过重新设定达到巅峰效能。

了解自己，才能发掘自己的内在价值。每个人都有属于自己的钻石矿，你所寻找的钻石就在你自己的庭院等着你去挖凿。这个庭院指的是你心灵的庭院，也就是你的价值观与自我价值所在之处。道理很简单，如果我们没有内化的价值感，便无法为外在世界的任何人提供价值。内在价值这颗钻石就在你心里，等着被发掘、琢磨与抛光。真正的自尊是在你内心深处的自我价值，不分年龄、性别、种族或地位。

为自己设计一个符合你内在价值的目标吧。目标是苦尽甘来的最佳途径，让我们愿意努力工作并为值得的目标牺牲短暂的享乐。你所定的目标要针对你的职业与个人生活状况。人格特质目标应以现在式设定，将自己当成已经具备该目标特质的人。有形的目标又称为有期限的梦想，并且应该具体、可测量、可达成、专属于自己并且以时间为基础。将大脑想象成一部GPS系统，告诉它你现在所在的地方以及想要抵达的目的地，它就会带领你前往。你所设定的目标就是你未来即将拥有的一切！

成功者会激励自己达成目标，失败者只会随波逐流。为你生命的后果承担个人责任，意味着应变大师选择自己想要的生活，成功绝非偶然。你知道无法改变的事实与可改变的情况两者间的差异，而你的想法与行动也将协助你朝目标迈进，而不是活在过去。身为领导者，你将协助团队成员、员工以及子女对事情的后果采取更正面、积极的控制权。

诚信是人类最难具备的特质之一，特别是无情况之分的诚信，这对应变大师来说是不可或缺的。所有的关系都是建立在互信的基础上的，破坏这一层信任就等于破坏关系。一段长期关系的建立至少需要两个人，不论是主管、工会与资方代表或夫妻之间，都是建立在相同的诚信基础上，不会因为情况不同而有所改变。我们必须及早教育子女和部属学会自重以及了解良心的重要价值，因为这两者是诚信的强大支柱。

每个成功者都有成功的欲望，他们专注思考成功之后的报酬，而失败者则沉溺在失败的痛苦之中。我们每天脑海中所想的，就是推着我们向目标前进的力量，应变大师专注于渴望的动机，寻找解决问题的方法，并且专注达到自己设定的结果。恐惧是来自压抑与冲动，渴望则是来自意志力与动力。失败者说"我办不到"和"我必须"。成功者则说"我可以做到"以及"我想要"。

为了达到成功，成功者重视自律。自律就是经过内心长期演练后，落实于外部行动的表现。我们都知道习惯很难戒除，但可通过形成新的日常惯例慢慢取代不健康的旧习惯。我们发现强大的心智力量如何让你通过观察、模仿与重复，培养成功的反射能力。环境造就个人，因此我们将会选择能够传递正能量的榜样、精神导师与教练，协助你将惯例转换成永久的自动反射行为。

每个成功者都无法只靠自己而成功，他们需要依赖团队的力量。你要懂得如何授权给他人，让他们成为和你一样的应变大师。领导能力是释放团队成员的工作束缚，让他们发挥所长的过程。当今的企业团队成员表示，他们希望能在上司不干预的情况下，拥有工作自主权。最优秀的领导者与管理者追求价值，并且通常将价值赋予自己带领的团队。这些领导者的座右铭是："如果我帮助你成功，那么我也成功了。"

成为应变大师后，你将有两个最重要的体悟：时间与健康是我们最珍贵的资产，但我们却常常将其视为理所当然，直到两者都消逝了才觉得感慨。有了健康，时间就是生命的原料。懂得珍惜时间和健康，你才能在成功的路上走得更远。

在成为应变大师式的领导之前，你必须先弄清楚领导对你而言有什么意义，一个有效能、杰出的领导有什么特质。

我们曾经在学员中做过调查，并得到一些关于领导特质的反馈。基本如下：

正能量；

尊重和爱；

使命感；

务实；

自信；

整合能力；

亲和力；

处理危机的能力；

## 应变

以身作则；

激情；

创新；

授权；

……

这些总结很全面。你如果认为某种特质重要，背后一定有它的道理，也许是因为你可能认识或者看过一个曾经影响过你的领导，他身上就有这种特质。另外，找一个你景仰的领导者，这个人可以是你现在认识的人，或者是你小时候认识的人，也可以是你完全不认识的人，抑或是一个世界级的领袖或名人，是否活在当代都没关系。他有什么领袖特质，他曾经有过什么成就，他克服过什么困难，分析一下自己如何向他看齐，如何成为像他这样的人。

> 我也有崇拜的领袖，就是我的外祖母。我父母亲的婚姻并不美满，他们很贫穷，正所谓贫贱夫妻百事哀，因为没有钱，所以他们常常吵架。
>
> 终于在我9岁的时候，爸爸离家出走，抛下我们母子。一般来说，每个男孩都是以自己的父亲为榜样，爸爸一离开，我就找不到身边的榜样了。但我的外祖母一直对我说："你是好孩子，你以后一定有好日子过。"
>
> 每周六我就骑自行车，到20英里以外的外祖母家去，帮她剪草坪。她教会我怎么把草坪剪得很漂亮，并鼓励我说："你剪得真

好,但是草坪边缘的这些部分,你可以把它修剪得更好。你还可以把剪下的这些草,铺到种花的地方当肥料。"

于是,我们两个人一起在花园里把花种起来,那一年我9岁,她54岁。我们两个人一起种菜、种花。她说:"你种下去什么,就会长什么出来。但杂草自己会出现,不用你种它就会长出来,因为有风在吹,在播种,它们自己会生长,而且会抢夺花的养料,所以杂草要拔起来。但重点不在于杂草,而在于花朵,你可以踩踏草坪,但不能踩踏花朵。你是个好孩子,你以后会是伟大的领袖,你应该去读伟大领袖的传记,去找这些有真材实料的人,以他们为榜样。你读了他们的自传,他们懂什么你就会懂什么,这样你就不会再犯他们犯过的错误了。"

我外祖母的话非常有道理,她就是我心目中最伟大的领袖,因为她启发了我,让我能够拥有像她一样的品德:永不抱怨,永远乐观,永远优雅,永远把别人放在第一位。外祖母是我一生中最重要的人。

# 02

## 了解自己，订立标杆

生中，我有很多梦想。我喜欢开飞机、游泳、潜水、世界各地跑、写书、谈恋爱、跳舞……所以未来还有很多的日子在等待我，我才80岁而已，我想活到100岁。这样我的曾孙女结婚时，我才能亲自把她送出家门——她现在才5岁。

我也会去崇拜一些世界级的领袖。我以前还帮助过美国的前总统里根参加竞选，并赢得总统的职位。里根是我心目中最好的美国总统。

前面讲了未来的领袖应该具备哪些特质，我随时都在寻找领导的特质，也在思考到底是什么让我们不能成为好领导。通过自我反省、观察他人，想办法让自己能够成为和榜样一样的人，这就叫订立个人的标杆——设定标准，自我反省，分析自己。

照镜子，你才看得清自己的模样。然后你再去观察其他的公司、其他的人，观察那些拥有你需要的特质的人。把他们当成你的标准，目的不在于打败他们，而是把他们当成你去追求、竞争的目标。

你必须有自己的方向，否则你慌不择路，必然会走弯路。人的大脑就像一个精密的导航系统，正如汽车的GPS一样，你要到终点去的话，就要把终点的坐标输入进去！另外，要想顺利到达终点，你必须知道你的起点在哪儿，否则就算你有终点也没用。只有先设定你的起点，再输入你的终点，才会有一条康庄大道出现在你面前。这就是订立成功标杆的方法。

## 不要给自己设限

了解个人在专业领域与产业中的定位是成为应变大师的关键。信念体系是所有抗拒改变的根源，要过无拘无束的生活，必须突破限制，追求身心自由。更重要的是，不要给自己设置障碍。障碍有两种：一种是生理的限制，一种是心理的限制。但是，大多数对我们造成阻碍的是我们心理上的设限，而不是生理上的制约。而且，我们会自觉或不自觉地受困于过去的制约当中，所以这就是为什么自省很重要。只有自省，才能够认识自己，知道自己的现状，知道你为自己设置了哪些障碍。以现在为比较基准，才能知道未来的方向。

### 1. 生理方面的限制

- **遗传**

遗传是指经由基因的传递，使后代获得亲代的特征。我们的相貌、身形、肤色等都会带有父母的特征。举个例子，篮球运动员的孩子多半身材高大，美女的孩子多半漂亮，就是受遗传基因的影响。甚至某些疾病也会遗传，所谓的家族病史，多和遗传有关。

- **早期环境**

除了遗传之外，决定生物特征的因素还有环境，特别是早期环境对人类的影响巨大。在人类的进步过程中，环境显然既是一个限制性的又是一个推动性的因素。环境不但能影响人们的生活及学习能力，而且对人体的表征也有很大的影响，使我们的体貌带有很大的地域性特征。我们经常可以从一个人的长相，推断出他大致是哪里人，就是这个原因。早期环境不仅包括自然环境，还包括社会环境。

有研究表明，早期教育能为孩子多元智能和健康人格的培养打下良好的基础。日本学者木村久一认为，儿童的潜在能力遵循着一种递减规律。即生下来具有100分潜在能力的儿童如果一出生就进行理想的教育，就可以成为具有100分能力的人；若从5岁开始教育，即使是理想的教育，也只能成为具有80分能力的人；若从10岁开始教育，就只能成为具有60分能力的人。这也就是为什么家长这么急于教育孩子了。

- **技能**

技能也是一项主要的因素。是否拥有某项技能是决定你能否从事某项工作的关键。比如海滩救生员就必须拥有游泳的技能。如果你没有，是不可能成为救生员的。据我所知，中国有很多手工艺者，具有高超的技能，这是其他人无法替代的。但是技能和遗传不同，它可以后天培养。

- **经验**

经验和技能一样，也是需要后天积累的。我们经常在招聘启事上看到，用人单位要求应聘者"拥有三年以上工作经验"等类似的字眼，这就说明经验的重要性。企业管理重视老员工，也是因为老员工更有经验。

- **年龄**

年龄是个不可抗拒的因素。我们只能一年一年地变老，而无法任意更改年龄。像我这个年纪，当然就有年龄上的障碍，因为年龄，我没办法成为奥运会选手，我也不可能成为美国总统，我更没有办法去参加跨栏比赛。这都是生理上的限制，而且我清楚地知道限制是什么。

但是年龄的限制也不是绝对的。比如现在我一看到美女就会自动说："你好漂亮。"虽然我的眼睛已经80岁了，可是一看到美女，眼睛会自动变成40岁。

其实我根本看不清眼前的事物，因为我的眼睛已经80岁了，我当然不会去做激光手术，来克服这个生理限制。

## 2. 心理方面的限制

其实生理限制不重要，重要的是心理限制。因为心理上的限制，造成我们有时候没办法去克服生理上的限制。

在你可能面临的限制当中，最难以克服的是你为自己所设下的限制，这就是心理限制。如果你认为自己做不到，那么你就永远无法突破自己所设下的限制，你只会在自己必须去做的情况下才订立新的极限。比如让你跨过一米宽、半米深的水沟，你不费吹灰之力就能过去；如果让你跨过一米宽的万丈悬崖，你未必做得到，这就是因为心理的作用；但是如果你身后着起大火，你跨不过悬崖就会被火烧死，那么你一狠心，这道悬崖根本无法阻挡你。

很多时候，不是你不能做到，而是你不敢做到。如果不打破你的心理极限，你将无法测试真正的生理或精神潜能。因为你总是过于依赖之前的经验与信念制定当下的决策。

所以我们追寻的是自由，是把自我从那些心理上的自我设限中释放出来。

大多数人都有心理上的自我设限，改变永远要从个人开始。这就是为什么一个好的领导必须懂得启发别人，让他们能够克服自己的心理限制。这个世界上最大的限制都是自我设定的，如人们常说的心理阴影，这不是哪个人的错，因为每个人都有自己的生长背景，过去曾经失败过，出过问题，过去的事情到今天还记得，这些东西让人们停滞不前。正所谓"一朝被蛇咬，十年怕井绳"。

企业领导者必须帮助自己的下属，让他们能够突破生理的限制、心理的极限。

> 当我还小的时候，我们每个郡都会办游园会，在游园会里面有很多可爱的动物，有很多有趣的事物，如摩天轮、旋转木马。但是我记得有一次一个男人办了个跳蚤的马戏团，吸引了很多人。这么小的跳蚤，就放在一个圈子里，会在小弹簧床上面跳来跳去，始终不会出圈子，真的很神奇。
>
> 我就问团长，为什么跳蚤不会跳出去，跳到我的头发里面，或者过来咬我。他说："我培训过它们。很简单，就和培养自己的孩子

一样。把它们放在小的鞋盒里面,上面打几个洞,这样跳蚤才能呼吸。跳蚤一跳可以跳八英尺这么远,没盖上盖子的话,跳蚤一跳就跳出去了。所以盖子盖上了,跳蚤就只能在里面跳,一跳就会撞到头,很痛,这样它们就学乖了,只跳六英寸,就不会撞到头了。时间长了,它们养成了习惯,即使把盖子拿走也没有问题,它们还是只在里面跳而已。"

原来这和养狗一样,你不希望狗逃跑,你就在狗的脖子上装一个电子狗链,然后在院子周围装上金属的围栏,只要狗一跑出院子,就会碰到金属围栏,电子狗链立即放电。狗被电击后,感觉到疼痛,久而久之,它就不会跑太远,永远留在后院里了。

大象也是这样。大象每天会走40英里,除非经过特殊训练,否则它每天都会走很长的路。所以你要训练大象的话,用大铁链把它的脚绑在一个大的柱子上面,大象拼命想要拉,但是逃不了。等它习惯之后,你就不需要铁链限制它了,只用绳子就可以,即使是很细的绳子,大象还是以为自己逃不了,它连试都不试了。最后,即使不用绳子,大象也不会跑了。

所以惩罚会让员工没有办法进步,如果你一遇到事情,就很生气,喜欢发号施令,员工只会循规蹈矩,不会有任何进步。

## 02 了解自己，订立标杆

> 我最喜欢去海洋世界了，去看海豚表演。你知道这些动物是怎么训练的吗？很有趣，在它们的游泳池下面安上绳索，训练员就站在一端，手上拎着一条鱼，用这条鱼去拍打水面，海豚看到有东西吃，就沿绳索游过去，这样才可以拿到奖赏。然后你再把绳索提升两米左右，换一条更大的鱼，还是拍水面，海豚非得跳过这条绳索才吃得到鱼。同样的，你希望海豚能跑跳十米，只需要再把绳索抬高，再换一条更大的鱼去引诱它。为了吃下这么大一条鱼，它愿意跳过十米高的绳索。
>
>
>
> 看表演的时候我就在想，怎么把这个方法运用在人的培养上，是让他们害怕不敢走，想办法不让他们学这么多，想办法让他们听我的命令，还是我用激励、奖赏的方式，让他们有激情？后面的这种办法才能够让他们突破心理上的极限，让他们看见跳过这个十米高绳索的可能性，让他们相信自己能够做得到。

你我过去都有很多的制约培训，40岁以上的朋友，人生还不到一半，不用担心自己一事无成。我也曾经40岁过，我也年轻过，可是在那之前，我已经积累了35万多个小时的人生经验，这些经验让我有资格发表演说，进行说教，告诉大家：你是赢家，你什么都做得到。

要想突破极限，必须从内在开始改变，回顾你过去的一切，你就知道自己现在为什么有这样的行为，最好的改变方式就是去照镜子，好好看一看你过去学到了什么。要意识到正是过去那些错误的学习导致你犯错，让你没有办法获得成就。过去的制约会形成现在的行为，现在的认知加上过去的制约，才是未来的行为。

身为领导者，你的任务就是让下面的人意识到自己过去的一切所学造成的局限。然后给他们新的认知——对成功的认识，帮助他们突破自己的限制。当然有些限制是你没办法控制的，比如年龄限制。对我来说，我不可能变年轻，我是男的，不可能变女的。所以我们必须承认有些生理上的限制是没法突破的，这些都是外在的，我在意的是内在的部分，即我有什么样的理念。

## 对自己充满期待

人会受到外在因素和内在因素的影响，并做出不同的反应。相应的，我提出了温度计和恒温器的概念，分别对应外在因素和内在因素影响我们的时候，我们会如何反应。

## 1. 温度计——对外在因素的反应形式

温度计是大家很熟悉的一样用品，用途广泛。比如天气很冷，用温度计一测，零下7℃。温度计只能把温度告诉我们，不管多冷，它都没法改变。我们只能去适应，天太冷，多穿点就好了。所以温度计只能被动地反映温度，却无法改变它。

## 2. 恒温器——对内在因素的反应形式

使用恒温器时，你可以设定一个温度，它就能使室内温度保持在这个温度上。比如，你设定40℃，恒温器就加热到40℃，然后长期保持在这个温度上。

人应该像恒温器一样，你可以设定对自己的期望值。期望值高的话，激情也就高，表现自然好；期望值低的话，你的激情也低，表现自然差。

所以温度计反映的是外在的影响，你的表现要取决于外在的条件，像经济局势、市场、出口情况，但是恒温器可以反映你内在的力量，所有一切的表现以个人的实力为主。

想象一下你的心智，它就像一个恒温器，你设定你要高收入，你就会有高收入。有些人会因为自己的过去，为自己设定低的收入标准，他们没有办法想象高收入是什么情景。人都会有一个舒适区，在这个区域内，才会心安理得地生活。打个比方，有的人怕热，会把空调的温度调得很低，比如16℃，这个范围是他的舒适区。有的人怕冷，会把空调的温度调得很高，比如26℃，这个范围是他的舒适区。

大脑也是如此，我们对自己的预期很低，舒适区就处于一个低的水平，在这样的环境里才比较自在。不管我们多么努力，都没有办法想象自己有一天可以富有或成功，因为外在因素对我们有所影响。

比如有些人，只想靠着每个月几千块的薪水度日，即便有一天他中了彩票，得到巨额奖金，也会手足无措，根本无法适应成为富翁之后的生活。而有些人，虽然一开始只能靠微薄的工资度日，但是他期待自己能成功，时时充满激情，最终他可能成为亿万富翁。我们身边有不少白手起家的人，他们一开始的条件也许不如我们，但是他们却成功了，正是因为他们对自己有期待。

在美国，有人尝试过一些事情，找一些穷人，给他们很漂亮的公寓住，但这些人穷了很久，住在新房里，觉得浑身不对劲，无法适应漂亮整洁的居住环境。所以在两年之内，他们就把自己住的地方毁了，毁到他们以前居住的条件，破破烂烂的。

我们每个人都可以重新塑造自我形象，就像可以使房间的温度升高或降低的恒温器；将自尊心和自信心由低调高，就可以实现从员工晋升为企业家，从团队成员晋升为团队领导者的转变。

但事实上，很多人不懂怎么给自己期望。如果今天你想改变一个人的表现的话，你要对抗的是他过去的那些训练，这就是为什么你要先想办法去提升他的内在期望，让这个期望去想办法影响其外在的表现。当然外在也很重要，你要给他知识，给他更多的技能培训，帮他积累经验，慢慢地提升他的自信心。这些不是靠说教就可以完成的，一定要动之以情，晓之以理，引发他的新观念。

## 发现你的优势

要想成为合格的领导者,我们必须先订立标杆,有可比较的基准,才能调整自己的行为。订立个人标杆就要从内心审视自己,评估自己独特的天赋、兴趣与技巧,找出自己在专业领域中的长项以及同侪优势,然后落实这些新的发现与想法。

### 1. 天赋

你有什么天赋?很多人都不知道如何回答这个问题,其实你有好多天赋,只是自己不记得了,或是自己没发现。天赋就是先天形成的,因此你一出生的时候就有某些天赋了,而且不可能再增加。技能是可以去发展的,但天赋不行。天赋就是你内在的那颗钻石,去切割它,琢磨它,这是第一步要做的。

数百年来,心理学家和教育家都是用标准的智商测验来评估智能。如果一个人的阅读能力良好,也具有逻辑性,就会被评断是天才。如果一个人的语言和逻辑能力不佳,就会被评断为智能低下。直到近几十年才开始有理论主张智能应该是基于天生能力而不是传统智商测验的分数,因为传统智商测验只能评估两种智能——语言智能和逻辑智能。但是现在智能包括很多种,如空间方面的智能、音乐方面的智能,还有人际关系等。

之后兴起了一种新的理论——右脑/左脑思维。该理论认为,我们的分析、逻辑、线性和语言能力是由左脑掌管,而右脑负责创意、空间和音乐能力。虽然这个理论有部分真实性，但现在我们已经知道，两侧脑半球是以十分复杂的方式互动的，而我们无法用自己是右脑学习者还是左脑学习者这样的二分法来评估我们的能力。

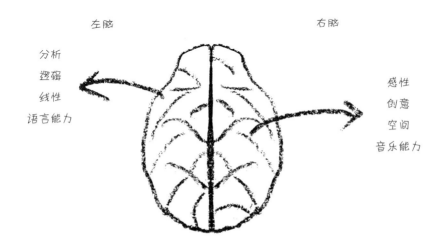

后来，多重智能理论的盛行取代了过时的右脑／左脑思维理论。这套理论是美国目前的主流理论，拥有庞大的经验主义支持基础。多重智能是由霍华德·加德纳（Howard Gardner）在他所著的《智能的结构》（*Frames of Mind*）一书中首次提出的。

多重智能理论主张，人至少有七种值得注意的智能或天生能力：

- **语言智能（运用文字的诀窍）**

具有语言天赋能力的人利用观看、聆听文字可以得到最好的学习效果。他们读很多书，喜欢口语，并会通过使用和聆听的方式来培养自己的听力和口语。他们喜欢书店和图书馆，适合的职业是作家、秘书、编辑、社会科学家、人文学者、教师和政治家。

缺乏语言天赋的人较不容易理解读到的信息，或较不擅长用语言或文字表达自己的意思。他们念错的字多过他们愿意承认的数量，挑选正确用字往往也让他们相当头痛。

> 要想提高语言智能，应该多留心文字和别人使用文字的方式；玩文字游戏；碰到不认识的字就去查字典；把这些字写下来，建立一张随时增添的单词释义表，在一周内每天至少查看一次；念故事给孩子听；挑选喜欢的报纸、杂志或书籍；录下并听听自己的声音。

- **逻辑数学智能（运用逻辑或数字的本领）**

具有逻辑数学天赋能力的人利用批判思考或概念化可以得到最好的学习效果。他们喜欢提问，用逻辑原理分析所有事物，而且喜欢西洋棋、猜谜等战略性游戏。科学家、工程师、软件程序设计师、律师或会计师等会是他们喜欢的工作。

缺乏逻辑数学天赋的人不太会算账，或因为要花太多时间计算，干脆放弃对账。他们不管多努力都还是看不懂财务报表，所以他们看报纸时可能会直接跳过商业、经济或金融版。

> 想提高逻辑数学智能，应该玩逻辑谜题和猜谜游戏；逛逛科学博物馆、天文台、水族馆等科普设施；买一台望远镜或显微镜来进行观察实验；在超市结算前心中默算一下需要支付的金额；练习心算；阅读报纸的商业版；随身携带计算器，碰到困难的数学问题时就拿出来用。

- **空间智能（以图形思考的能力）**

具有空间天赋能力的人利用形象化或以图像思考可以得到最好的学习效果。他们喜欢颜色，也擅长素描、涂鸦。他们会发明机械或一切他们能够设计制作的东西。他们追求的职业是建筑师、艺术家、工程师、机械技工、建筑人员等。

缺乏空间天赋的人难以想象事物实体。他们连最简单的形状都画不好，而且通常只会画粗略的线形图。他们对于颜色的分辨能力不太好，而且即使路线指示明确，他们还是很容易在陌生的城市迷路。

> 要想提高空间智能，应该随身带张地图，就像是要试着跟随地图的指引前去认识的地方；利用计算机绘图软件画出物品、设计图案；动手图画、素描、摄影或执行其他创造影像的方式；摸索如何使用流程图；培养自己运用视觉记忆事情的方法。

- **音乐智能（容易掌握节奏和声韵的能力）**

具有音乐天赋能力的人利用听觉方式或经由把事物改编成音乐可以得到最好的学习效果。他们会自己轻声或大声唱歌、哼曲子、打拍子或吹口哨。他们也喜欢边听音乐边念书。他们喜欢演奏乐器，当然也喜欢跟音乐有关的工作，比如当歌手。

缺乏音乐天赋的人五音不全，搞不清楚旋律在音阶上何时该高，何时该低。他们听不出音乐走调，知道的歌曲也不太多。

> 要想提高音乐智能，可以试着听到一首歌就马上猜出歌名；尽

可能多听音乐；听些不同类型的音乐；学习演奏一种乐器，如果你已经会一种，就再多学一种；开车或洗澡时唱歌；学习如何阅读音乐；自己创作词曲；阅读关于知名作曲家和演奏家的故事。

- **身体动觉智能（能够优雅行动并处理物品的艺术）**

具有身体动觉天赋能力的人利用自己动手的方式可以得到最好的学习效果。他们擅长运动，喜欢修理东西，会用手势帮助沟通，并且大部分情况下会跟随自己的直觉。他们是很棒的模仿者，对你最好和最差的特性都能模仿入微。他们适合当个演员、舞者或谐星。

缺乏身体动觉天赋的人笨手笨脚，运动上也难以协调。他们不擅长学习需要高度协调技能的活动，比如跳舞；对于像是雕刻这样需要高度肢体协调的活动也不太灵光。

要想提高身体动觉智能，应该玩电动游戏或学习正式的舞蹈、芭蕾或武术课程；参加垒球或篮球等活动；学习高尔夫、体操或瑜伽；开始进行增氧运动或重量训练；练打字或学习演奏乐器；按摩并从事有助于增加你和自己身体接触的活动。

- **人际智能（了解他人和为人所了解的本领）**

具有人际天赋能力的人在学习与人相关的事或与他人一起学习时效果最好。他们认识每个人，而且对每个人的生活动态了如指掌。他们通常很活跃，因此可以是个好的领导者。他们适合的职业包括律师、教师等。

缺乏人际天赋的人一生都害羞、受人误解，或常常没有察觉周围发生的事情。他们不太能够将心比心，甚至可能对他人采取敌对或防御态度。

> 要想提高人际智能，可以强迫自己在一周内交到一个新朋友；出席一个多半是陌生人的派对；邀请刚认识的人或新朋友一起吃午餐或参加社交活动；在网络上和其他人互动；针对你喜欢的主题参加社团或上课；在公共场合观察别人如何互动；研究知名政治家或慈善家的生活。

- **内省智能（评估自身感觉以受其引导的本领）**

具有内省天赋能力的人在独自思索时可以得到最好的学习效果。他们利用个人感觉或经验学习，具有直觉力，会自我激励，懂得设定目标并完成。他们适合当作家、企业家或从事其他能够让他们发挥天赋创造力的职业。

缺乏内省天赋的人对自己评价不高，可能也不知道自己的人生目标在哪里。他们不喜欢独处，甚至害怕被人遗弃。

> 要想提高内省智能，可以做瑜伽或学习冥想；参加相应的课程；聆听激励或励志有声书；参加创业课程；阅读有助于建立自信的书籍；开心的时候看着镜中的自己并记住自己开心的样子，生气或悲伤的时候也这么做；为自己设定目标，写下目标并检讨你有没有坚持到底。

你可能天生就具有当个优秀运动员、艺术家或音乐家的能力，或者你会发现自己更适合当外科医生、律师或建筑师。评估结果没有好坏之分，有一些天赋可以进一步地发展，有一些则没有办法继续下去。有些人可能会认为自己在很多方面都很在行，这当然好，但是却很难专注于一个方面，不知道自己到底适合做什么。

另外，在你的人生里面，你有办法做自己想做的事情吗？你正在做你喜欢做的事情吗？多少人现在做的就是自己的专长所在？这项评估的目的是帮助你判断自己的天赋究竟在哪方面。若是你天生适合当律师，通过测验就能避免你走上不适合你的职业的冤枉路。因此，这项评估有助于改善你人生的整体成功和幸福快乐，还可以帮你开发你最真的潜能。你只需要：

释放你的潜能，并在你认为自己不行时告诉自己"我做得到"；

累积与你的真实能力相匹配的经验；

承诺要学习做到自己能成为的最好的样子。

要知道，你所擅长的事情未必与天赋能力对应，因为过去的制约使我们产生误差，因为你可能通过认知途径了解你目前擅长之事。进行天赋的评估，并不是要否认你可以学会任何事物，而是要让你知道自己在哪种特定智能上具有强大天赋，以及哪些是你天生就能表现良好的领域。因为你身为领导的任务，不仅要发现自己的天赋，还要挖出你的员工的天赋和潜力。

人可以有19项天赋，当然不是每一项你都有。像我的手指就不灵活，要我扣扣子，我觉得好难，这都是天生的。你可以看着人体的结构，区分不同的器官，可以区分数字、颜色。这些都是不同的天赋。有一天我希望自己能把非常深入的天赋测验引入中国，可以让你了解一下手指的灵活度、音乐的天赋等。

假如你对你的工作不满意，你就去做天赋测验，看看你自己究竟适合做什么。这样年纪大了，你就可以去做自己爱做的事情。有时候你必须在赚了很多钱之后才有机会去重拾你的天赋。充实的人生不过如此，发挥自己的潜力，尽情地攀登你的巅峰，不要当一棵长在小花盆里的树苗。

## 2. 兴趣爱好

确定了自己的天赋后，你要去思考一下，你现在喜欢做什么，小时候你喜欢做什么，下班以后你喜欢做什么，如果你有很多钱你会做什么，有空闲你会做什么。我就是爱说话，我喜欢教学，想要一直做下去，至少做到 100 岁。100 岁以后开始打高尔夫球好了。了解兴趣的目的，是分析一下怎么把兴趣和天赋带到工作中去，在这个过程中将遇到哪些挑战。

把孩提时代的兴趣一直延持下去，是非常困难的。在英国曾经做过一项实验，找 50 个 7 岁的孩子，问他们喜欢做什么，他们的兴趣可多了。7 年之后，这些孩子开始交朋友了，你再去访问他们的时候，发现他们的兴趣改变了。到他们 21 岁的时候，再访问他们，会发现他们的兴趣变成了赚钱。到他们 28 岁时，会发现大家开始专注在事业上，把自己的兴趣大部分都忘了……每 7 年访问一次，可以发现他们的兴趣不断在变。

我知道中国的家长要求孩子从小就要追求卓越，成绩要出色。所以很多时候一个人要到年纪大了，才知道原来自己喜欢做什么。你二三十岁的时候在公司上班，如果你的上司可以帮助你发现你的兴趣的话，他就是一个好的领导者。

一个人在7岁到17岁这段时间,是其真正能探索潜能的阶段。可是在这个阶段,往往我们的父母、老师等人,告诉我们应该做什么:必须赚钱,要结婚,要生孩子……有时候为了需求要压抑自己的所爱,我们稍有反抗,就会被视为叛逆。

但是现在我们应该去反省,好好回想一下自己究竟喜欢什么,试着把你爱的东西带到工作中,这样你才可能更成功,因为你在做自己热爱的工作,爱一行干一行,自然干劲十足。

用自己的兴趣赚钱,挑战性特别高。研究显示,如果你能够帮助员工发现他们自己的兴趣的话,他们的生产力会提高。一个好的领导者要知人善任。

> 曾经,我的公司里有位男下属,他不喜欢自己的工作,几乎快要被开除了。就是因为他父母以前逼他学数学,而他的工作内容是分析报告。我们给他做的测验结果显示,他拥有很高的音乐天赋。可是在企业中,哪有这样一个职位,可以让他发挥自己的音乐天赋呢?
>
> 我知道他非常杰出,非常聪明,只要我能找对地方让他发挥的话,他一定会很快乐。有一次我们举办了一个员工的天赋才艺比赛,他的表演非常精彩,大家都喜欢他的音乐表演。当天CEO也在,他告诉我们,应该给那位下属换一个职位,让他有机会把天赋才艺在大家面前发挥。我们就把他放到公司的营销部门,让他写一些广告词和广告歌。5年之内,他的收入是原来的3倍,而且他下面还管了5个人。

> 深圳富士康公司有一个普通的员工，他很擅长表演。富士康公司经常到养老院、福利院去演出，这个员工就经常代表公司去演出慰问。他的拿手节目是魔术，每次都受到大家的欢迎。因为这一点，他已经连续多年被评为公司的优秀员工，每一年都可以得到10万元以上的奖金。一个普通员工能得到如此高薪，就是因为他在工作当中发挥了他的另外一项才能。

## 3. 儿时的梦想

我们小的时候就会对某些事情特别感兴趣。我从小就喜欢喋喋不休，不断讲话，我还喜欢看书，喜欢写字，喜欢写诗、写歌。上学以后，恰逢日本人偷袭珍珠港，我就觉得自己应该去当兵，应该报考军校，成为一名优秀的军官。可是部队管理非常严格，不能乱讲话。后来我学会怎么去开战斗机，从航空母舰上起飞，而且是晚上或天气很不好的时候也要飞行。我喜欢飞行，但是不喜欢杀人，我只想帮助别人。可是我要当个战士，不战斗不行啊。

在开飞机的时候，我拼命地讲话，虽然飞机听不懂我讲的话。我的数学不好，也不懂科学理论，更不懂机械，可是我居然要驾驶一架价值数百万美元的战斗机，情况很危险啊，可我还活着，这真是幸运。

后来我就退伍了，开始想自己要做什么呢。那时我已经34岁了，有了自己的家庭，很需要钱，所以我又开始喋喋不休地讲课了。我找了个美女，专门去推销我的课程。一开始，上我的课只需 25 美元。很多男人来上我的课，听我谈成功学，但事实上他们根本不是来听我讲话的，只是因为有美女卖票，他们就掏钱了。大多数时候他们买票不是为了听讲，只是想拿到那个美女的电话号码而已。

其实我现在做的就是我小时候爱做的，这就是为什么我到 80 岁还在讲课，因为我就是喜欢讲话。

## 4. 行为习惯

行为，是后天形成的。通过观察、模仿、反复演练，学习来的行为最后变成习惯。我们一定要意识到这点，了解自己有什么样的行为模式，有哪些成功的特质和失败的特质。其中，成功的特质有自信、抱负、坚强等，而失败的特质有缺乏自制力、思想僵化、过度情绪化等。其中过度情绪化最难改变，因为在早年时便已根深蒂固于生活中。

当然还要看我们对成功的定义是什么，每个人对成功的定义都不一样，有些人认为成功就是赚很多的钱，有些人觉得得到心灵的宁静、充实的生活才叫成功。人生在不同的阶段对成功的定义是会有变动的，但是企图心、信心、自信心还有你的韧性始终是非常重要的。已经有很多的研究显示，不管是哪一个行业，哪一个领域，成功的人士共同的特质就是以下三个：

• **抱负**

抱负是在人生中追求成功、获得卓越、克服困难、维持高度成就的渴望。

有抱负的人会设定并维持较高目标，并且愿意为了获得卓越而付出必要的努力。

- **自信**

自信就是相信自己具有成功的能力。自信的人对自己的个人力量、能力和技术有所肯定，他们能够妥善处理突发状况，并做出决断；他们能够自在地对他人表达自己的想法和意见，也相信自己的判断。

- **坚强**

坚强是指在接受强烈批评和挫折之后仍能维持正常表现水平。精神强韧的人不会轻易因事情发展不顺遂而烦乱，也不会要求别人不断给他褒奖和鼓励。他们面对不顺利能够快速适应和改变。坚强的人秉持务实的态度行事，即使在逆境下也能克服难关，完成任务。

这些成功的特质，我想在专业的运动选手、教练、训练员、父母、高管等身上都可以看到。

自信心，就是觉得自己可以做到更好，不管有什么条件，都能做得更好。但你可能很年轻，什么成绩都没有，你凭什么有信心呢？你根本拿不出什么值得骄傲的东西来，所以表现的基础就是内在感受到的价值感，相信自己的梦想，认为自己有潜力，然后通过很多小成绩去证明这一点。

在没有值得骄傲的成绩时，看一个人有没有自信心，就要看他有没有企图心，有没有热切的渴望，有没有激情，这些可以带领人们迈向梦想的彼岸。

而没有自信心的人，把自身的价值都奉献出去了，自己一点都没留，就不像别人一样能感受到自己的力量。

另外，不要以为你的企图心、抱负不够的话，就表示你不够努力，你的生产力就不会高。有时候我们会对自己产生很大的压力，对自己要求太高的话，就会自责，造成自信心丧失。所以这些因素都是环环相扣的，只要我们不断地努力进步就好。

## 解析自己——DISC的应用

20世纪20年代，一位美国心理学家威廉·摩顿·马斯顿(William Moulton Marston)开发了一套理论来解释人们的情绪反应，并将这些概念延伸到涵盖一般人的行为方面。1928年，马斯顿在他的著作《常人之情绪》(*The Emotional Normal People*)中公布了他的发现。该书首度尝试将心理学从纯粹的临床背景向外延伸应用到一般人身上。他选择的因素为"支配"(Dominance)、"影响"(Influence)、"稳健"(Steadiness)和"服从"(Compliance)，而这种方法根据这些因素而命名为DISC。

### 1. D——Dominance 支配型（指挥者）

支配代表着直接、控制与独断。D型人非常独立，追求成功的动机极强，且经常要别人听命行事。同时他们的脾气火暴，在某些情况下甚至具有侵略性。因为他们希望控制生活与工作环境，所以他们会努力取得并保有掌控他人的权力。他们喜欢挑战，好胜心与企图心让他们很少从困难或危险的情况中退缩。相反的，他们会在逆境中努力完成目标。在追求成功的过程中，由于不信任他人，所以他们不会要求或预期周围的人伸出援手。如果情势的发展使寻找外援不可避免，他们会直接发号施令，而不是请求合作。

支配度高、有自己的想法，且非常想成功，同时极擅于让别人按照他们的方法做事，支配能量高的人会做全盘考虑，并看情况是否有利。为满足自己的需要，他们会通过直接且有压迫性的行为掌控环境，在现况不利时，他们通常能压住反对的声音。

这种类型的人果断、反应快、擅言词、人际关系尖锐而不圆融。因为他们以事为主，并要求得到具体的结果，他们厌恶犹豫不决、没有效率的工作环境；因为具有创新改革的勇气，所以他们也常常成为组织中的火车头。要让指挥者得到自我的肯定，你无须赞赏他们的行动能力，但要多多赞赏与敬佩他们的影响力。

指挥者有目标、有眼光、有创意，更勇于实践目标，他们的成就感来自把对手远远抛在后方，他们的征服欲望甚强，对他们而言，他们相信事在人为，在他们的字典里找不到"困难"二字，他们有很好的抗压力，他们不逃避，勇于面对，更重要的是他们会将压力转嫁给部属，因此指挥者的特质过强，就不太容易维系单纯的人际关系，围在他们周围的都是生意往来的人士。

指挥者自信满满，缺点是有时会忽略个人的感受，对人的需要较不敏感。没有耐性、不擅于倾听、主观意识浓厚是指挥者的通病，他们会无意识地敲桌子、摇椅子，这些都显露出他们急促的个性。有鉴于此，他们的幕僚必须有能力处理琐事。

工作时，支配度高者很像生意人。他们的工作环境忙碌、正式、有效率、有组织且功能性高。他们具有较高的自我意识，好胜，喜欢改变且讨厌现况。身为爱探险的行动派，这类人要的是直接答案，且喜欢马上看到结果。若你有机会和这类人说话，可以考虑调整一下表达方式，谈谈他们想听的产能、功能、期限和成本等。

## 2. I——Influence影响型（社交者）

I型人爽朗、友善、外向、温柔与热情。他们扮演的是一个社交者。

社交者，喜欢交朋友，容易接近，希望与他人见面并交谈。他们天生信赖他人，极欲认识并讨好周围的人，这是不喜欢社交活动者所无法理解的。他们希望与周围的人有正面的互动，而友善开明的作风也常常使他们得以维持这种关系。但易冲动、心直口快或偶尔无理的作为，使他们有时显得情绪化。不过，纯熟的社交技巧及天生聪明的沟通能力，往往使他们在身陷困境后，终究能"说"出重围。

社交者总是保持快节奏，活泼、凭直觉办事。他们的行动和决定往往都是潜意识的，他们不太顾及准确的事实和细节，有时还会刻意回避，因为他们认为"这些事情会扰乱我"。由于他们不注重细节，所以常会夸大或笼统地对待事实和数字，他们喜欢大概的估计，而不是确实地观察分析数据和资料。

社交者具有即兴、敏捷的思考能力，点子很多，说服力又强，所以常能使别人对他们的梦想产生兴趣。他们有影响别人和改变环境的能力，善于通过团结众人来获得成功。社交者爱说话，很能炒热气氛，堪称真正的娱乐节目演员，喜欢拥有听众和鼓励别人，所以最怕孤独。他们往往跟着自己的感觉走，敢于冒险，寻求对自己才能及成就的肯定，也往往能迅速而热情地与人共事。

社交者的沟通能力强，并对自己的社交能力很有自信。为了满足需要，具有高影响能量者会先结合他人，说服其进行合作，以团队方式完成预期目标。社交者生性较乐观，会将大多数状况视为有利条件，有别于指挥型的敏感行为，由于他们急于认识他人并获其欣赏，因此这类人的行为，有时是不善社交者很难理解的。他们通常有能力说服他人共同合作。他们的自我意识很强，与指挥者一样口才极佳，但社交者较圆滑，对他人的感觉较敏感。他们非常外向，且以人为主，同时珍惜关系。他们喜欢人际接触频繁的环境，因为他们在任何时候都可以交朋友。社交者喜欢招待他人，懂得享受美食与餐厅气氛。这类人追求时髦，喜爱行动自由与物质享受。他们的工作环境友善、个人化且可激发创意。

社交者的优势是热忱、有说服力、令人愉快、有社交能力。弱势是参与过多的事情、缺乏耐心、注意力不持久、容易感到乏味，且过度依赖感觉行事，因此好坏差异很大，喜欢时，他们会充满热情与活力；不喜欢时，就像泄了气的皮球，前后往往判若两人。

工作时，I型人的步调快速又即兴，除非他们想获得他人的赏识，否则一般而言他们会忽略细节，且杂乱无章。这类人会迅速把所有的东西塞进抽屉，为什么？没错，为了看来更"体面"。周围居住或工作的人，几乎不可能从他们的桌子中找到任何东西，可是，他们就是知道东西"就在这儿附近"。影响度高者天生对人性乐观，而滥用此特质的缺点之一，就是对谁都信赖，且听他人说话，会选择性地听自己想听的东西，或者自己希望发生的部分。他们可能要受到几次教训才会学乖。

## 3. S——Steadiness 稳健型（支持者）

S型人谨慎、稳定、耐心、忠诚且富有同情心。他们是一个支持者。

稳健度高的人，对大多数组织而言是纯金，因为他们不仅是忠诚的员工，也是可信赖的团队成员。他们是按部就班的逻辑思考者，喜欢为一个领袖或目标奋斗。他们个性谦逊温和，关心他人的问题及感受，是富有耐心和同情心的倾听者。他们不独断，却擅于扮演支持的角色。他们在工作上能持之以恒，当其他人感到无聊且无法专心时，支持者会以稳健的步伐继续工作，直到任务完成为止。他们抗拒改变，偏爱固定不变的环境。由于文化差异，这类人在西方国家中显得较其他三者少，在东方却有着相当高的比例。

支持者是相当重视人的一群，他们希望结识朋友，建立亲密、友好、信任的个人关系，所以愿意与人互相帮忙。当被逼迫或攻击性的行为所激怒时，他们会考虑："这对我和我的团体会有什么影响？"所以，他们是可靠、善于协助的工作者，也是优秀的团队成员。

支持者天生就具有一些咨询者的素质，善于倾听，也会说别人爱听的话，不喜欢与人发生冲突，所以与他们在一起的感觉很舒服。他们天生被动，当指示清楚且受到支持时的表现最好，正因如此，他们尽量避免对立与冲突，而当争端发生时，他们会是很好的调和者。

稳健型偏爱稳定且可预测的环境，而需要改变时，他们会希望事先被告知。他们热爱长期的工作关系，以服务为导向，同时有耐心且和善，是一个能设身处地且富有同情心的聆听者，他们真正关心他人的感觉和问题，在项目中尤其能扮演幕僚的角色。稳健度高者很谦虚，且在大部分情况下，刚开始时都不直接。然而，若他们认为自己全盘了解状况，并已下定决心，其顽强固执的个性就会出现！如果你不同意他们的想法，并想加以说服，最好带着铁证。要他们改变之前，先给他们重新思考的时间和空间。

支持者往往喜欢在他们的办公桌上放着家人的照片和个人喜欢的物品。他们的墙上会挂着对他们有意义的纪念品、家庭或团体的合影、表现宁静生活的照片或纪念物。这些摆饰会使他们的办公室气氛显得温暖而亲切，而他们对于座椅的摆置也会显出期待与人并肩合作的精神。

支持者的主要优势是善于与人建立联系，能关心与照顾别人。能够助人成功是他们终身奉行的价值，弱势在于不够果断、过于敏感、易受欺负，自信心与企图心不够，有时也会掩盖了自己的其他才华。

工作时，稳健型偏好休闲协调的穿着。他们的工作环境个人化、轻松、友好且非正式。他们喜欢一致、缓慢且简单的方法，同时具备长期的专注力，使他们能稳健地执行工作。

## 4. C——Compliance谨慎型（思考者）

C型人重视细节、事实、精准与准确。他们是一个思考者。

谨慎度高者，在传统的归类中不过是个"以规则为导向"的人，但新近的研究却显示，守规矩只是他们的特征之一，他们性格中隐含的控制与接受两股力量，使得这种类型的人格其实要复杂许多，事实上，谨慎度可能是D、I、S、C四种类型中最复杂的一种变量。

谨慎度高者与支配及影响型有很大的差异。他们天生精准且井然有序。由于他们思路清晰，只要知道正确的方向为何，就会受到激励，因此他们喜欢规矩和秩序。

思考者，天生被动，只有在他人要求时才会发表意见，因此他们常被误认为是缺乏企图心的人。其实他们也像支配度高者那样，希望能控制环境，但不同的是，被动的性格使他们希望通过组织与程序、规章来掌控环境，因此他们会坚守清楚的规则与行为规范，呈现以规则为导向的作风。而这样的作风决不只限于企业的规则架构或既有程序而已，他们有自己的行为准则，且重视规矩与传统。他们厌恶压力，遇到困境时多采取逃避的策略，在极度艰难的情况下，他们倾向于忽略问题或延迟行动，直到无法再躲避为止。由于他们注重事实与细节，因此他们较为博学，也较易具备某种知识或技术，因此技术性或信息整合性的工作较能吸引他们，也能让他们一展所长。

思考者注重分析的过程，他们注意细节和程序，这常使他们过分地强调收集数据和资料，在寻找这些资料时，他们还会针对具体的细节提出许多问题，他们对自己和下属的要求都非常高，所以往往被认为是不合群、挑剔、吹毛求疵的一群。由于强烈的安全意识，他们在作决定和采取行动时，显得非常谨慎而迟缓，但绝不误期，所以他们是系统性解决问题的能手，但却不是果断的决策者。思考者追求完美，办事认真，有条理，如遇到意外和差错会气恼。对那些没有条理、违背逻辑的人感到很头痛。他们的思维结构严谨，不怎么喜欢与人合伙工作，喜欢独立、缓慢而细致地做自己的事。他们喜欢智能型的工作，习惯于怀疑，喜欢看已具体成文的东西。思考者的墙上常会挂着他们喜爱的艺术作品，以及与工作有关的表格、说明或图片。他们不喜欢与人有身体接触，与人保持一种礼节性的距离。他们脸部表情很少，因此很难看到他们情绪的变化，搓下巴、摸鼻子地沉思是他们的习惯。与人交往时，拥抱不如握手；电话交谈时，长话不如短说。思考者的优势是准确、可靠、独立、持久、有条理。他们的弱势在于缓慢、保守、较苛求和过分小心。

工作时，C型人从就业的层面而言，他们是杰出的会计师、程序设计师及脑部外科医师。先试着从他们挑剔的角度看看你的产品是否有问题，而且要比竞争对手抢先一步！在饮食方面，谨慎型的人会详读所有的标签，而且熟知食物中蛋白质、脂肪和碳水化合物的比例。他们喜欢精打细算，除非厨房用具省钱且坚固，否则他们是不会买的。

总之，通过DISC测试，了解自己是哪种类型的人，可以更好地反省自己，为自己设定标准。在了解自己的同时，也要了解其他人，比如你的员工，还要想办法去看看其他公司里面的员工，这样才能达到全方位的认知。新加坡航空公司的首席执行官会亲自接受空乘人员的训练，他要端饮料给客人，还要为客人绑好安全带。他之所以会这么做，就是因为新加坡航空公司想成为最好的航空公司，他想要知道国泰航空等其他优秀的航空公司平常是怎么做的，他会去研究其他航空公司提供什么样的服务，然后自己去接受这种培训。

全世界最好的酒店的老板自己要接受服务员的训练,前台怎么做,门童怎么帮客人提行李,保洁人员怎么打扫……他们会亲自去了解如何提供好服务。有时候那些最好的点子是来自其他产业而不是你自己的企业,像苹果电脑公司就去看必胜客、联邦快递等如何快速提供服务,苹果公司的很多创意都来自其他产业里成功的公司。

先知道自己的现状,然后去看那些最杰出的人,再想方设法去追求卓越。这就是订立个人标杆的方法。

# 03

## 提升你的内在价值

发现我们内在的价值，可以让我们意识到，原来自己可以变得比现在更好，原来自己还有很多潜力可以发挥，还有很多成长空间。我们应该看重的是一个人的内在而不是外在，只要我们相信自己，我们就可以从正面改变自己，提升自我价值。

## 你的价值由什么决定

### 1. 身份并不说明价值

"对话圈"其实很简单，大家围成一圈，互相交流，就是一个"对话圈"。无论是在日常生活中还是在企业管理中，这都是个很重要的概念和方法。

在美国有一堂课，是为青少年开设的。在课堂上，我们会找一些年轻人，给他们每人一张很大的卡片，上面写着摇滚巨星、体育明星、医生、律师、企业家、宇航员、母亲、小孩、老师、护士、保洁人员等字样，卡片上的内容就是这些年轻人需要扮演的角色。他们要根据自己的"身份"去确定自己的重要性。因为他们从小就被灌输这样的想法，要成为医生、律师、法官等，这些职业很有身份，受人尊重，而没有任何家长要求孩子以成为保洁员为目标。于是，人们很小就认定身份比较重要。

游戏的规则是这样的，给青少年5分钟时间，排队，手拉着手，依照大家所扮演的职业和社会地位排顺序，于是争论开始了。扮演摇滚巨星的人说："我肯定排在第一位，大家都爱我，我又有钱，不用穿西装，穿牛仔裤就行，可以吸毒，可以飙车……做什么都行，因为大家都爱我。"扮演体育明星的人说："大家都爱我，因为我是冠军，我也很会赚钱，而且很健康。"扮演医生的人说："你们两个都要靠我才行。"扮演律师的人说："你做得不好，我就告你。"扮演老师的人说："没有我，哪有你们这些家伙，你们全是我教出来的。"扮演妈妈的人说："不用吵了，没有我哪有你啊？"扮演小孩的人说："每个大人都是从小孩子成长起来的，要先成为孩子，之后才能长大当母亲啊。"保洁人员什么话都不说，他应该知道自己大概不那么重要。

大家吵来吵去，没有办法把重要性排出来。我说不对，你们要手牵手。大家都问："手里拿着这么大的牌子，我们怎么牵手？""用下巴夹着，或者把牌子放在地上。"我说。然后，所有人围成圆圈，为保证大家手牵手，就得把手中象征身份的牌子放下，因为人们不可能确定这个人比那个人重要，又怎么可能凭身份就决定重要性呢？

他们最终得到一个教训,把身份看得太重要,根本不可能牵手,根本不可能合作。因为众生平等,大家的重要性是一样的,我们都要相互依赖才有可能成功。

## 2. 收入不能决定价值

每个员工,不管年龄大小、薪资高低,对工作而言都很重要。我看过美国企业的兴衰,很多大公司说破产就破产了,比如雷曼兄弟、柯达等。很多破产的工厂里面一塌糊涂,机器都生锈了。这都是人们决策错误造成的,过去的方法行不通,却不懂应变,以致造成今天的失败。我们强调的方法是,要注意那些普通的员工,想办法让这些员工在自己的工作范畴内可以达到最好。比如一个普通的业务员,不一定要成为业务经理,但是可以成为业务精英。

> 麦当劳有规模庞大的加盟店,分店遍布全世界。麦当劳公司的总部,负责扩张,建立赢利系统,但有时候,总部会觉得获利不够,有些分店的表现会比其他分店好,可能是地点的原因,人流大小不同,人流多的当然生意好。但是客源并不是差别所在,大家愿意再次光顾麦当劳是因为那里的消费体验好,所以服务好的餐厅,你就愿意再去光顾。麦当劳的各个分店每周五下午都要开例会,其中一个分店参加的人大概有20个人,都是工资很低的普通人员,主持会议的也只是分店经理,不会有总裁,也没有首席执行官。在会上,

大家尽情发表意见，看谁的意见最好。

这些员工时薪只有两三美元，而且没什么文化，他们的工作就是每天为客人端来薯条、汉堡。他们不懂什么叫客户服务，因为听了太多的客户抱怨，他们知道哪儿需要改进。所以每周五开会时，大家都在讨论该怎么办，比如讨论"这个分店给你经营的话，你会怎么做"，诸如此类的问题。员工们听到这样的问题往往很惊讶："我不是只要听你的命令就好了吗，你为何想要知道我有什么看法？"

既然经理这么问，他们就发表自己的看法了：给我们都戴上耳机，这样我们就知道店里现在有多少客人，就知道是否要准备更多的汉堡、薯条。以前只有接单的人才可以戴耳机，他们接单后就大吼："准备更多的薯条、汉堡。"在厨房里的人可能正在忙着洗盘子，怎么能听清这些话呢？

让每个员工都戴耳机不就好了，耳机一个才5块钱，这样我们就知道客人要什么，就可以预先准备好足够的食物，效率就会大大提升。这种做法一周可以省下2000美元左右。

所有的分店都可以这么做，大家都可以戴耳机，这样所有麦当劳分店就可以节省数额可观的成本。但提出这个意见的人时薪才两三美元，他的建议可以帮助全世界的人。所有分店都对他表示感谢，奖励他，让他成为本周最佳员工，甚至年度最佳员工。

大家都以他为荣，其他员工看到他的表现，纷纷献计献策。到

> 下个星期五，另一个员工也可能提出一个好点子。比如，要在客户下单的时候启动一个计时器，我们就可以计算提供服务的时间，看谁的服务最快，能在最短的时间提供最好的服务，就可以赚更多的钱。有了计时器，大家的速度就会加快了，一年可以省下几十万美元。

员工可以做很多的事情去帮助自己的公司，你可以设置一个建议系统或意见箱，让员工自由地发表意见，还可以安排专人对这些意见进行筛选，从最底层一层一层地往上送。在麦当劳、苹果电脑、微软等世界知名企业，不同级别的员工都可以为企业的发展献计献策，其中有不少非常棒的点子。管理阶层设定整体的目标、整体的愿景，让员工自己去想办法实现，发挥他们的创意，就可以创造丰厚的利润。这些企业的工作风气非常开放，员工不怕说错话。但应注意，我不是鼓励大家不要听命令，企业当然需要管理层级、管理架构，需要有愿景，有商业计划，有绩效的标准，但是要记住，在未来，我们应该依靠那些年龄低的、不同背景的、拥有不同创意的员工。

## 帮你的员工重塑价值

我相信企业使命的重要性。企业要有愿景，愿景多是由老板提出来的。老板可以预见企业的未来，员工想追随一个可以对未来看得很清楚的人。

在过去10~15年，很多美国企业都会编写自己的使命宣言，告诉员工本公司的使命是什么，希望公司里面的每一个员工都知道。大多数的企业都有不同的部门，如会计部门、人事部门、研发部门、营销部门……每一个部门又有不同的使命，部门使命一定要能与公司整体的愿景相契合；部门以下的机构，也要有自己的使命，它们的使命必须和整体的使命相契合；同样的，员工个人也要有使命，员工的使命也要与整体的使命相契合。为什么要让每个员工明确说出自己在公司是做什么的？因为每个员工都是团队的一分子。他们可以帮公司省钱，帮公司赚钱，解决客户的问题，等等。

企业的老板、部门总监、中低级主管都应该学会以"对话圈"的方式来和员工对话。这种方式，只要多花一点时间，就可以挖掘出员工的价值。企业领导和员工之间没必要搞得太亲近，领导不需要每晚都和员工们出去喝酒，只要了解他们有什么梦想就好了。

> 你知道在赌城拉斯维加斯，最成功的赌场是哪一家吗？是恺撒宫，还是MGM，抑或高美？不对，我认为是幻影。不是因为它规模比较大，装潢更华丽，员工人数更多，而是因为它懂得怎么去激励员工、奖励员工，懂得怎样和员工对话。
>
> 我曾帮幻影设计了"对话圈"，针对门卫、泊车员、保洁人员、大厨，还有端酒的女服务员等。比如端酒的女服务员，她们年轻漂亮，没什么文化，但她们离客户很近，直接决定了企业在客户心中的形象。客户一坐在老虎机前面，年轻漂亮的女服务员很快就会端酒给客户，她们唯一的酬劳就是客户给的小费，客户给一个筹码，

就可以喝一杯酒。

对于这样的服务员，我们要对她说："谢谢你为公司这么努力地付出。"她说："一份工作而已，我需要钱。"我们就问："那你希望你能做什么？你有什么人生目标？你不能一辈子端酒，没人想一辈子这样。我们知道你现在是因为钱才做这份工作，我们要感谢你这么努力，但我们希望多了解你有什么目标和梦想。"我们也问那些保洁人员同样的问题，问门卫的问题也是如此……"我们真的想要知道，这个大家庭里都是什么样的人。"

端酒的女服务员回答说："如果我办得到的话，我想回学校读书，这样就不用穿这种制服了，我希望自己能够穿职业化的服装，让我的人生更有意义，不是只能端酒而已。我离了婚，要自己养活女儿，我希望她们放学以后我能在家，结果现在我只能找保姆去哄她们上床睡觉。保姆的费用这么高，我的薪水都不够支付给她，可是我真的不知道现在还能做其他什么事情。"

我们说："或许我们可以帮你回到学校，说不定我们可以在公司里面成立培训班。"她问："真的对我有帮助吗？""对啊，如果成立这些培训班，你想要转到公关部、营销部都行。"她问："你可以让我有更多的时间去读书吗？""对，我们这个赌场鼓励终生学习，一定会同意你请假进修，让你符合可以去上这些课的资格，而且每周五，我们都开新的课，比如教你怎么理财，这样你就可以好好管理你的财产，也能好好照顾女儿。我们甚至考虑在我们赌场里面设立一个育婴中心,我们发现很多员工有跟你同样的处境,或许我们可以成立一个单位,帮你们照顾孩子。你学习更多知识之后,说不定会找一个更适合你的职位。"

她听到这些,简直不敢相信,为什么公司愿意为她做这些。当然公司不可能什么都帮员工做,不可能随随便便给员工钱,且不能保证员工以后肯定会成功。但我们的组织是鼓励成长、鼓励学习的,我们希望大家可以一起进步。

之后我找机会再去访问这个女服务员。我进到赌场里面,坐在老虎机旁边,开始赌钱。女服务员过来,问我想喝杯酒吗,我说行啊,她就赶快跑过去帮我端一杯酒过来。我给她一个筹码当小费,并问她是否喜欢在这上班?她说:"这个工作我不是很喜欢,但是这个公司我真的很喜欢,他们真的很关心我们。我在恺撒宫上班的朋友,知道我在这里的情况,都在谈论幻影现在怎么做,都想要转过来上班。MGM、希尔顿的人也是如此。这真是一个好公司啊,赌场利润也变多了。"这就是为什么幻影的老板能赚足够的钱,有本钱去澳门开一家更大的赌场的原因。

这个案例可能比较夸张,但是它可以让我们知道,关心以及对话真的有用。如果是中小企业,员工需求太多,无法一一满足怎么办?先学会倾听,这是一个最好的开始,比如可以设一个意见箱,让员工把自己的建议放进去,从小处开始。比如我自己就设计一些视频,让员工可以在吃午餐的时候看。我还办了一个小图书馆,里面都是一些有正面激励作用的书籍。

如果从公司很小的时候就开始做这些事情，让员工有发表意见的机会，公司才会变大。当然，让员工发表意见要指定时间，不能让他们在公开的场合随便讲话，否则有时候会变成批评或者抱怨。我觉得让员工发表意见，公司才会有创意，有创意公司才可以做大。

你可以从和不同的员工做"对话圈"开始，像我喜欢把新进的员工和资深员工混在一起，组成一个伙伴系统，新员工很有活力，资深员工已经没有活力，但很有经验，二者形成互补。年轻人会说："我希望能为公司带来贡献，带来不同的改变。"资深员工会说："你要更有耐性才行，你要积累经验，你没有办法立刻看到成效的话，不要着急。"资深的员工会把经验、耐性传给新员工，新员工可以把活力、创意重新注入给资深的员工。这样两个人就可以相互扶助。

公司还小的时候，要颁每周员工奖，或者把最好的点子告诉大家，总之想办法有些表扬的制度。

我曾有机会去辅导一家很小的公司，有机会去访问所有的员工，问他们希望高管可以帮他们做什么。虽然这些员工有很多的需求，但他们也很体贴，他们说："我们只希望，高层可以听听我们的意见，我们也知道高层不可能什么事情都帮我们做，我们知道公司也有压力，有预算限制，我们也不会要求太多，只想要他们听听我们的声音就好了。"

运用"对话圈"，要从公司哪个级别开始呢？可以从最高层的主管开始，告诉他这些观念，或者从自己的团队开始，让附近的人知道这是可行的。有时候，立即让老板接受"对话圈"的概念是很难的。你可以先拿自己的团队做实验，让团队成员知道"对话圈"有什么正面的结果，而且结果是可以衡量的。通过现实的数据来证明它的实效,如潜在客户的数量增加多少,供应商的数量增加多少。

我以前就有这样的经验,组成一个小团队,自己想办法解决自己的问题。有了成果以后,这时候你就可以带着他们找老板,告诉他,你们是如何做的,又有了哪些成绩。要给他看正面的结果,他才比较容易接受。

## 有价值才有自尊

我从事顾问工作多年,服务的对象不止是大公司,而且还包括世界数一数二的行业巨头,如微软、苹果电脑等。现在这些公司都是以"对话圈"的方式来运作的。而中国最近才开始出现这种形式。虽然你可能服务于小型公司,但是请记得,任何公司在变大之前都是小公司,让公司变大的不只是产品,也不只是高管,重要的是领导方式。一个有愿景的领导者,必须能够启发每一个人的潜力。

我三年前曾拜见过迪拜的酋长,他希望我帮迪拜成立一个迪拜卓越中心。众所周知,迪拜是阿拉伯联合酋长国人口最多的酋长国,从面积上计算是继阿布扎比之后第二大酋长国,迪拜与其他阿联酋的酋长国的不同之处在于迪拜的石油收益只占其GDP的6%。迪拜本身石油储量很少,即使是石油储量丰富的其他酋长国,总有一天也会耗尽石油资源的。所以,迪拜的酋长就开始思考,一个没有石油的国家未来将会怎么样,迪拜现在就要用卖石油赚来的钱去建设全世界最大的旅游中心。未雨绸缪、超前规划、永不满足、务实奋发成为迪拜缔造发展奇迹的重要因素。

我们来看看迪拜的旅游业,迪拜拥有世界上第一家七星级酒店——七星级帆船酒店、全球最大的购物中心、世界最大的室内滑雪场……现在,迪拜几乎成了世界公认奢华的代名词。伴随着众多产业庞大的建设开发,迪拜以其活跃的房地产、运动、会谈等近乎创造世界纪录的特色吸引了全世界的目光。

迪拜人也在世界各地购买那些最好的房地产,不管是商品房,还是民用住宅,就和中国人一样。没有石油的话要通过房地产赚钱,靠吸引游客赚钱。迪拜是第一个把海水转化成淡水的国家,他们的核电厂是盖在沙漠上的。他们永远是往前看的。

可以说,迪拜的发展奇迹离不开其领导人的愿景和前瞻性的眼光。在这样的领导者的带领下,迪拜很好地挖掘了自己的内在价值。

## 1. 找到属于你的"钻石矿"

真正的自尊来自你内心深处的自我价值——不分年龄、性别、种族、外表或地位。自尊理应建立在内在价值上,而非外在财富之上,亿万富翁并不比乞丐更有尊严。

四十年来,我去过大量的企业,我可以负责任地说,一个公司要想成功,员工必须有价值,必须能够发挥出最好的一面,所以在未来,崭新的主导力量一定是人力资源。

内在价值可以区分出不同种类的人:以自我为中心的人通过他人以及

掌控欲寻求自我认同。这样的人很自私，他需要别人的认可，自认为要支配别人就要运用自己的权力。大家都喜爱他、尊重他的时候，他才有良好的自我感觉，不然他就用控制的手段。控制，让他觉得自己有重要性。以价值为中心的人则无私且慷慨地奉献自己，不断寻求赋予他人能力的机会。这种人知识丰富，心胸豁达且谦逊，他永不会自满。具有核心价值的人喜欢并肯定自己，他对自己有信心，不需要夸耀自己的成就或在墙上摆满名人合影，他不用证明给他人看自己有什么能力，他会花较多的个人时间对他人"付出价值"。他们可以慷慨地付出，因为他们自己已经很有价值了，不需要别人的支持，不用别人认可。

1800年的时候，有一个波斯人，名字叫海法特，他的家境很不错，拥有一个农场。有一天一个智者经过这个村子，就去拜访海法特，对他说："我给你看一个东西。"说着就拿出一个小钱包，从里面掏出一颗钻石，并对海法特说："你有这样一颗钻石的话，整个村子就可以买下来了。"海法特就问："真的吗？""如果你有一整包钻石的话，整个国家就可以归你了。"

海法特一直都是个很知足的人，因为他觉得自己已经很富有了。但是那天晚上他睡觉的时候，却没法睡着，因为他觉得自己没有办法满足了。他觉得自己很贫穷，心想："我一定要找到钻石，成功必须有钻石才行。"

第二天，他去找那位智者，问："我要去找钻石，请问到哪去找？"那人说："你要找的地方，有两个山峰，中间有一条河流穿过去，河底有白色的沙子。你在那儿一定找得到钻石。"

于是，海法特就把自己的农场卖了，离开他的家人，开始寻找钻石。他走遍中东地区，走遍欧洲，最后走到海里自杀了。因为他一颗钻石都没找到。不管他走了多远，走了多久，始终找不到。

后来有一天，那个买了他农场的男人，去农场附近的小溪边舀水喂骆驼，他突然注意到，水下有一颗非常美丽的石头，透过石头可以看到彩虹的颜色。他说："这颗石头真漂亮。"就把它放在村子中央，让大家都可以看到。后来那个智者也过来了，他说："看到这颗钻石，我就知道海法特已经回来了。""他没回来，这也不是钻石，就是颗石头而已，我是在后院找到的。"老者说："这就是钻石，而且非常珍贵。"

大家赶快跑到小溪边，他们惊讶地发现，小溪的下面居然是钻石矿。而这钻石矿就在海法特的后院附近。

海法特到外面去找成功，却没有找到，他要是能看看自己的后院就好了。这则故事的寓意在于，你在寻找的那颗最珍贵的钻石就在自家后院等着被发掘；这个后院指的是你心灵的后院，也就是你的价值观与自我价值所在之处。道理很简单，如果没有内化的价值感，就没有什么好和其他人分享的。我们需要这些价值感，并从中寻找安全感。但如果我们没有价值感，便无法将情感分享或传递给任何人。内在价值这颗钻石就在我们心里，等着被发掘、琢磨与抛光。

有些人也许会说，你要先有好的表现，才能有良好的感觉，做出优异的成绩才有价值，否则你不应该有任何的成就感。但是我觉得倒过来才对，你要先觉得自己有价值，然后才能有好的表现。如果你觉得自己不够好的话，你不可能努力。如果你觉得自己不值得付出的话，你何必去努力读书？你不觉得自己的梦想有什么价值的话，你何必要有梦想？所以一个人能够想做什么就做什么，那就应该很满足了。

你希望自己有所表现，让生活过得更好，但是我告诉你，你先有追求美好生活的信念，你的表现才会好，因为有了信念，可以让你付出更多的努力。所以我对自尊或者是自我价值的定义是，不管你的年龄多大，你的性别为何，你的成长背景如何，你是高还是矮，在大公司还是小公司服务，你是个普通的员工还是一个领导者，你在内心深处都能够感受到自己的价值，相信自己能够和别人一起竞争，和大家一样好，但是绝不比大家优越。

## 2. 自尊的四大支柱

我常把自尊比喻成椅子——有四条腿的椅子，而这把椅子的每一条腿都非常重要。自尊的四大支柱如下：

- **亲和需求——归属感**

归属感，也可以说成附属感，你归属于一个家庭，或者是归属于一个重视你的公司，归属于一个成功的团队。最能让一个人产生归属感的，莫过于一个母亲对孩子的爱，母亲是第一个把乐观信念传输给孩子的人，母亲孕育孩子，善待孩子，爱自己的孩子，孩子就会爱自己的父母。可是你

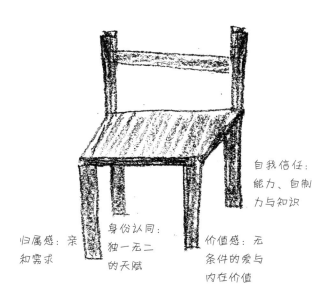

不一定有这样的生长环境，或许归属感这条腿不够坚固，这就是为什么需要第二条腿。

- **身份认同——独一无二的天赋**

这是你要去发掘的，你相信自己身上贴的标签是正面的，你能够发展出自己的独特之处，你相信自己的天赋和别人的不一样，你可以去好好地喜爱并享受自己的天赋。但是要发掘天赋不容易，要能够找到自己独特的身份是需要时间的，很多人一辈子都有所谓的身份危机。他知道有件事情他真的很想去做，但是不知道能否成功，他不相信自己能过上充实的生活。

- **价值感——无条件的爱与内在价值**

要相信，你不论在什么条件或者是状况之下，你都有价值。我就试着把这种价值感灌输在我孩子身上，他们晚上睡觉以前，我一定到他们的床前和他们聊聊天:"我知道我们今天有一些不愉快,我知道有时候我很凶,我可能会说一些伤害你们的话,但是我的孩子,我要你们知道,我以能够当你们的父亲为荣,不管你们的人生成就如何,我都爱你们。我爱你们,不取决于你们将来有什么成就,而是因为你们内在的价值丰富。我永远会无条件地爱着你们。"

- **自我信任——能力、自制力与知识**

我以前认为,只要有以上三条腿就好了,有个人爱你,你知道自己有一些独特的天赋和技能,内心深处可以感受到快乐的感觉。

但有些人连这三条都很难拥有,或者是家庭不和睦,没有人爱他,没有归属感,或者是不知道自己的天赋,但是他们还是有可能成为顶尖的领导者的。他们虽然穷,也没有大学的文凭,但是他们愿意看书,愿意观察,从榜样身上学起,通过提升能力、吸收知识、接受培训,慢慢地开始了解什么叫能力。他们不断进行自我测试,试着付出更多,结果成功了,开始建立自信。他们相信只要有知识、有技能,就一定可以成功。

最让我感到高兴的,莫过于看到一个工资很低的员工,最后成为一个伟大的领袖。他能成功的前提是,他所在的公司愿意培养员工,是一个学习型的组织。

所以,永远不要嫌太迟,有良好的自我感觉不会太迟。我觉得我和别人一样优秀。但我不会有优越感,这是因为我不能永远站在台上,我终究是要下来的。我们都有自己的钻石矿,我认为这是最伟大的领袖应该有的特质,它能够启发人们去追随它。

## 3. 建立自尊的途径

我一直为各种大小企业提供顾问服务。企业会找我，原因就是基本上赚不到钱，或者是告诉我，公司士气低落，员工没有动力，产能不够，员工常常请病假，甚至会辞职。我的任务就是从企业内部入手，解决这些问题。

企业的内在价值可以造就其外在价值。企业要想有竞争力，就要去培养员工的内在价值，也就是培养员工的自尊。如果员工的自尊提高了，他们的产能、绩效就会提高，甚至可以让营业收入提升至少35%。

培养员工的自尊，一方面可以使他们在自己的生活当中，从起居饮食等方面尊敬自己，这是健康生活的重要部分。另一方面，在企业当中传递产品，就是在传递自我的价值，只有员工的自我价值感充足，才能更好地传递产品的品质、品牌的文化等。

我们如何去定义自尊呢？我对自尊的定义是：你自己尊敬自己，你对自己有信心，且尊敬与信心来自你自己的内在价值；你对自己有什么感觉，有什么看法，而且这些意见和看法并不取决于外在。

但每个人对自尊有不同的理解，比如某人自认为是自尊心非常强的人，但是他通常会忽略自己的需求去满足别人的需求，因为中国人的文化讲究先人后己。也有人会担心，培养员工的自尊，会不会使员工先满足自己的需求，再去满足公司的需求。

其实满足员工的需求和满足公司的需求之间一定能找到平衡，员工必须能够感受到自己的价值，其产能才可以提升。你去问员工有什么自我感觉，他们会慢慢觉得公司重视他们，这时候公司的价值和员工的价值就可以慢慢地趋近，找到平衡点。不可否认，在中国文化里面做这件事情具有一定的挑战性。其实美国在20年前也经历了这样的问题，是非常难以克服的。

在帮助别人建立自尊之前，领导者自己要先有自尊，很多领导者自己都没有自尊，怎么可以当员工的好榜样？

- 仪表

首先，是你的外貌。不需要什么名贵的西装或名牌设计师设计的服装，也不一定打领带，只要干净整洁就好。你喜欢自己，当然要保持干净整洁。其次，要健康。有一件事情我真的不懂，我没有办法理解为什么人要抽烟，我的父亲就是因为抽烟，很早就去世了。他没有机会看到自己的孙子、孙女。我不想指责抽烟的人，但是喜欢自己的特征之一就是让自己活下去，尽量地长寿。

一个人的外表很关键，因为第一印象很重要，不管到哪一个地方，人们都是首先通过你的外表来判断你的内在价值的。第一印象甚至可能会持续一辈子，所以不要让你的外表影响了你的内在。

- 目光的接触、肢体的语言

我年轻的时候没有办法看着别人的眼睛说话，因为我的父亲是一个非常谦虚的人，同时他很不喜欢自己，永远是往地上看。我们就学他，也喜欢往地上看，没有办法看别人，因为那些人太重要了，而我们不重要。久而久之，我们在街上走路眼睛都是往下看的，不知道的人还以为我们是在找零钱呢。

在有些民族的文化里面，最好的眼神是朝下的，要能够鞠躬，不要看着别人的眼睛，否则很不礼貌。可是你在和别人沟通的时候，你要把你的价值传递出去，接受他们给你的价值；你要伸手去跟对方握手，而且你要先伸手，先报出姓名，因为你喜欢自己的名字；你要先把你的名片给对方，以交换他们的名片，读出他们的姓名，并说"真的很高兴能够认识您"。

- **经常微笑**

因为我们喜欢自己，自我感觉良好，所以我们要常常微笑。有人说微笑是最美的语言，也是上帝赐给人的专利。古希腊哲学家苏格拉底就曾说过："在世界上，除了阳光、空气、水和微笑，我们还需要什么呢？"

只有自我感觉良好，我们才能笑得真诚。和奥运选手合作了这么久，我学会了怎么和自己说话。和他们说话，永远要以正面的方式说明，就算不顺利也要如此。同样的，和自己说话也要传递正能量，这是一种自我暗示。像我有一次感冒挺严重，我就跟自己说："丹尼斯，你是不是生病了？不会，给你一天就好了。"很快我就感觉比较舒服了。如果有人跟我说："我不喜欢你，我希望你能够激励我，但你太安静了。"我说："谢谢，我需要你的指正，谢谢你的看法，我会再去考虑一下。"所以不管别人对我说了什么，我都试着去寻找正面的意思。你也一样，你要先有良好的自我感觉，才可以发自内心地微笑。

另外，你也要帮助你的员工培养良好的自我感觉，人在工作的时候，常常会忘记自己是谁，我们当然要帮助员工把钻石挖出来，这样他们才能够更相信自己，生产力才更高。

很多人不喜欢自己，因为他们没有实质的成就，觉得自己没有得过奖，没拿到重要的奖牌，没帮公司赚过高额利润。你可以启发员工看看自己平常的生活，看看现在正在做的工作，看看他们做的事情对公司有什么贡献，对未来有什么贡献，他们在公司里面扮演的是什么样的角色。让员工明白，他们是一个团队的成员，他们的工作成功地帮助了整个团队，完成公司指派的任务。这就是成就。

公司通常怎么评估员工的表现呢？高管指派任务给员工，员工照做就是了，公司一年评一次。这种做法对员工的帮助很小，我们应该采用360度的反馈法。由员工提出自己有什么成就，哪些任务做得好，他的哪些个人特质带来了这些成就。主管通常看不到员工的一举一动，他们只专注在最后的数字上面。给员工机会，让他们讲自己都做了哪些，而且往往因为他们的成绩能够被高管看到，他们会更卖力。换句话说，员工能够重视自己，高管就更重视这个员工。企业通常会把所有的绩效量化，就算你没有赚更多的钱，只要你做了事情，公司就想办法用数字表现出来，这种量化的指标更能帮助员工认识自己的价值。

- **轻松接受赞美并给予赞美**

我到过中国的很多地方，常常找中国的女性朋友做测试，不管在中国的哪一个城市看到美女，我都会说"你好漂亮"，然后看她有什么反应。中国的女性会回答："我不是美女，我的头发梳得不好看。"我说"你的头发很漂亮"，她会回答："风把它吹乱了，我没时间梳理……"总之，就是在强调自己不漂亮。

其实她只要回答"谢谢"就好了。只要你能够非常自在地传递价值，别人赞美你，你就可以自在地接受。想象你是奥运冠军，当奥运金牌挂在你身上时，你会有什么体会？会说"这不重要，我运气好才拿到的，其他人都比我厉害"？真正的奥运选手不是这样的，他们站在领奖台上，看着国旗升起的时候，心里会想：谢谢，谢谢教练，谢谢父母，谢谢大家……

当任何人赞美你，你都可以接受的时候，就表示你相信自己的自我价值了。这个时候，你把价值再传给别人是非常容易的。

- **寻求卓越，但不执着于完美**

没有任何人是完美的。所以我们要追求的是卓越而不是完美。追求完美的人永远失望，因为他永远没有办法做到，而追求卓越就不同了，我们完全可以做到。

## 4. 自尊不是炫耀

自尊是当今最为人所误解的价值之一。自尊不是自认比他人优越，自尊不等于自负、自满或自大，也不是向他人夸耀你的成就。

美国现在能够成功的公司数量不如过去了，因为年轻人没有办法去学习到正确的价值观，年轻人都崇拜好莱坞明星、摇滚歌星、知名模特等，喜欢珠宝、名牌衣服，注重的都是外在价值。可是，成功的公司都在传递正确的价值观，如微软、谷歌、苹果、IBM等，否则它们打不过中国的企业。中国经济进步得太快了，可以用低成本生产出非常好的产品，其他的亚洲国家也是如此，因为亚洲人民很勤劳，而且比较有纪律。所以，美国正在衰落中，整个文化都在衰败中，企业急着想办法让自己存活下去，这就需要发挥创意,需要发动员工想点子。企业现在不能养太多的员工,因为美国的平均收入太高了,可是美国今天的生产力没有办法和其他国家竞争。你们过去应该都看过这样的发展,如大英帝国、奥匈帝国、葡萄牙帝国、法兰西帝国等。我们除非教导年轻人要保持在顶峰,否则我们不可能维持在那个地位。现在美国要做这个,已经太迟了。

我想美国要重回第一是非常困难的,英国没办法,德国也没办法,中东更不行。因为在迪拜等地,孩子都可以领非常多的钱,每个人都可以开好车。你可以去迪拜看看,街上全是名车。有一次,我开车到迪拜去,我开的是宝马,结果泊车员让我停在停车场的最里面,因为不够体面,其他人开的全部是跑车,兰博基尼、法拉利,等等,和这些车比起来,宝马算什么?所以只能停在最里面,在迪拜,奔驰汽车也只是出租车而已。

很多沙特人把他们的孩子送到美国受教育,结果很多孩子不好好读书,何必读呢?因为他们已经相当有钱了,不需要读书就可以活得很好。他们到美国只是去玩一趟,反正一切都是父母出钱。但是中国去的学生,就很用功读书,希望学好本领,有一天回到中国,努力地工作。虽然也是父母付钱,但孩子却有不同的感受和行为。我虽然是美国人,但并不希望你们完全借鉴西方的文化。

不要以为有钱就够了,可以炫耀,其实豪车可以租,连钻石都可以戴假的,你只要告诉大家是真的就好了,他们哪看得出来啊。炫耀,不一定靠真材实料。自尊并不是自满,也不是狂妄,也不是你能炫耀出什么,而是你能不能不断地运用你既有的资源。

有一个销售团队，里面有一个男的、一个女的，很年轻，他们卖的是投资型的产品。我在纽约曾与他们一起合作过。这两个年轻人才大学毕业，25岁，穿着职业装，看上去很专业的样子。但是他们很担心："我才25岁，没有经验，虽然我有很多知识，懂得投资和理财，但我自己都没有钱，你还想要我把产品卖给那些富翁？""是啊，我们的投资组合很好啊，我们公司有这么好的产品，让你们拿出去卖，当然没问题。""但是我不行啊，我以前没卖过东西，没有成绩，我怎么可能把这种东西卖给那些有权有势的人？我还这么年轻，人微言轻啊。""但你有价值啊，你代表的是我们这个产品，你其实卖的是自己，客户买的是你，他看不到你的价值，为什么会买你的产品？"所以，我就教他们："你好，我叫……我知道我还年轻，才大学毕业，可是我很用功，我学到很多，我有一些新的想法。您已经那么成功了，我尊重您的成就，我一定会努力为您服务。如果您问我的问题我没有答案的话，我一定会想办法找答案给您，麻烦您给我这个机会，我希望能够为您提供有价值的服务，在您的面前发挥我的价值。"

卖东西，不能往上卖，而是横向去卖。你要能够把你的价值传递出去，你要先相信自己和他们站在同一条起跑线上。虽然你去销售的时候，常受排斥，但你一定要体会到自己的价值，要有良好的自我感觉。我喜欢我自己，而且我对所有认识的人都一视同仁，服务员、出租车司机、保洁员、佣人……我尊重他们，他们都在尽力地服务，我并不比他们优越。我愿意听取意见,他们批评我也是为了我好,我可以从他们的批评中学习,尽管听起来不是那么舒服,但我不能排斥他们的看法。我必须有开放学习的心胸,我不自傲,不认为自己有多厉害,只要我认识的人,我都愿意向他们学习,这样我就不会整天觉得自己是专家了,因为专家心态是很危险的,他们捍卫的永远是已经不存在的事情了,看的永远是过去,而不是未来。

# 04

## 设定未来的目标

## 目标就是有期限的梦想

### 1. 人们应以苦尽甘来为目标

失败者热衷享受心灵无所斩获的欢愉，应变大师及成功者则选择能为他们带来长期正面结果的活动。失败者从事不费力的工作，成功者从事可达成目标的工作。苦尽甘来可能是美国以及其他繁荣社会的人民最难体悟的概念。苦尽甘来也是移民到了任何较富有的国家时，通常能成功发展的原因之一。

在美国，有很多高收入的职业，像律师、医生、政府高官等，别看他们西装革履、风度翩翩，住别墅、开跑车，但是等他们65岁退休以后，每100个这样的高收入人士中，只有5个人不需要依赖国家或家人的供养。看到这样的信息，你觉得惊讶吗？你可能会想，像这样的高收入人群都不能自食其力，安度晚年，其他的中低收入人群又将如何。

美国的大部分人都想有财务保障,但他们却从未想过,平时要从收入中扣除多少钱用于储蓄,才可以达到这样的目标。大多数的人好像都以为自己的身体不会老去,没有死亡的一天,总想着及时行乐,不懂得什么是先苦后甘,所以一有金钱和时间,就拿来挥霍。等到年老体衰,又寄希望退休金制度和政府的援助会满足他们下半辈子的需求与需要。

美国人无法达到先苦后甜的目标,其主要原因在于,大部分人都没有预先设定具体的目标,他们宁可把时间拿来规划度假,也不愿拿来规划自己未来的老年生活。这样做,于己于人都没有好处。

但中国人懂得怎么先苦后甘,先要有长期的牺牲,节衣缩食地存钱,为未来做准备。你一定要教导后代,要延迟你的享受,做到先苦后甜。否则他们就变成美国人,现在就把钱花完了,等老了以后只能靠接济度日。先苦后甘,未雨绸缪,成功之前要专注,要有明确的目标,不要模模糊糊的,要变得像激光一样,用自己的能量切割一切。

如果你对未来没有目标的话,你就没有活下去的意义,而且这种人通常早死。我的妈妈活到96岁,我至少要比她多活4年,因为我的妈妈一辈子都在生气,一辈子都那么忧伤,而且她工作比我辛苦多了,所以我想我应该比她活得久。说不定我将有一个充满激情的目标,为了要达成这个目标,我应该活得更久一点才行。

## 2. 专注才能达到目标

设定一个没那么容易达成的目标,但不要太远大,要保证你经过努力就可以实现。前面提到过，我们的大脑是一个导航系统，通过这个导航，你知道自己的起点在哪里，也知道比较的基准是什么，进而好好地反省自己，然后在脑海里面想象自己的过去，再跟随导航系统的指引，该转弯时转弯，该直行时直行。就像我们汽车上装的GPS一样，它能够指导我们准确无误地走向目的地，是因为我们早就把终点设定到导航系统里了。

什么是目标呢？目标就是有期限的梦想。对于物质性目标，如果你不设定期限的话，你可能就会拖延，总想着以后再说。如果目标太模糊，你根本搞不清楚你想要什么，你就会徘徊不前。你在设定目标的时候，就要想清楚你到底要做什么，比如你要帮助你的员工，让他们知道该怎么做，让他们可以重拾自主权。这个目标看得见，但不容易达到。

我开目标设定的课程已经40多年了，我记得1980年，我在上课时，问学员，1980年，他们的个人目标是什么。这个问题对于他们来说挺简单，他们都能回答上来。然后我又问1981年的，他们就说："我怎么知道啊？那是明年的事，说不定经济不景气，说不定冬天会很冷，说不定美国的股市会下跌……"我说："你们先不要管这些，就想象一下你们明年会是什么景象，给自己设定一个专业目标，一个个人目标。"显然这个问题把他们难住了，他们花了很长时间回答。接着我又问了一个他们更不喜欢的问题："5年以后又如何？你们的事业5年以后会做到什么程度？你们会赚多少钱？"他们就用疑惑的眼神看着我："你在开玩笑吧？谁会知道呢？"我进一步问："那20年以后呢？那时候你们将住在哪？在做什么呢？那时候是否健康？有什么成就？你们会存多少钱？"

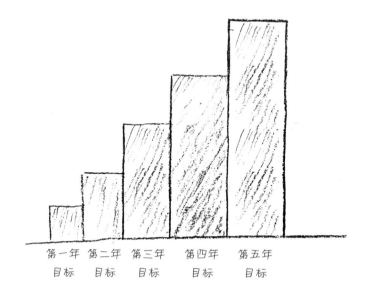

学员们目瞪口呆地看着我,其中有一个60多岁的男士微笑着说:"这个问题我可以不用回答了,因为那时候我早死了。"那个年代,肯定能活到80岁的并不多。我很想看到今天的他,但他应该已经死了,因为他的目标就是早死。我的目标是活到100岁,这样美国总统会寄信给我,而且她会是个女总统,她对我说:"恭喜你,你已经100岁了。"

课间休息的时候,一个小男孩就过来找我,问我为什么不回答这些问题,还说我是老师,应该以身作则。我的课堂上为什么会出现一个小男孩呢?他说:"我爸爸逼我来上课的,我才10岁,只要我设定我的目标,你就会设定你的目标吗?"这小子真聪明啊,我决定让他丢脸,等他设定目标后,就让他上来讲一讲,出出丑,给他一个教训。

我问他:"你最大的个人长处和专业上的长处是什么?"他说:"我会做模型飞机,专业上面我喜欢数学。"我又问:"那你明年有什么个人目标和专业目标?""明年我就 11 岁了,我要帮邻居铲雪、剪草,赚 400 块钱,这样我就可以到夏威夷度假了。我也希望我的父母有办法存这些钱和我一起去。"我问:"那 5 年以后呢?""那时候我 15 岁了,已经上高一了,我要学习理科,我喜欢做航天飞机的模型,以后会做一个真的航天飞机。""那 20 年以后,你会做什么呢?""那时候我已经 30 岁了,当然会成为一名宇航员,我开着航天飞机,把卫星送上轨道。""那时候你的健康状况如何?要很健康才能当宇航员,我吃胡萝卜,你也要吃,这样才不会近视,就不会变这么胖。"我跟他开起了玩笑。

我们都是成年人,知道他不可能实现这样宏伟的目标,他太小了,不了解社会,他没看新闻,也没看报纸,不知道人生是多么的辛苦。我们当时都暗暗想:他以后会受到教训的,他的目标怎么可能达成,别开玩笑了。

到了 2000 年,20 年过去了,有一天我在刮胡子,通过镜子可以看到外面电视机上的节目,当时正在播放 CNN 新闻:宇航员艾瑞克正在将通讯卫星放上地球轨道……艾瑞克!不就是那个红头发的小男孩吗?我冲到家人面前去,差点把喉咙都割断了,我对家人说:"20 年前,这个小男孩来上过我的课,是我教他成为宇航员的。"家人就说:"你哪有啊,你一直在质疑他的目标。顺便问一句,请问 20 年过去了,你自己设定目标了吗?你都做到了什么?""我帮助别人设定目标。至于我自己的目标,以后再说吧,时机对了,我就设定目标了,或者经济形势变好的时候,我再设定吧。"所以光说不做很简单,一定要把这些东西都内化才行。

# 设定目标的五种力量

## 1. 正面的力量

我们需要正面的目标，正面地迎接挑战，而不是逃避现实，逃避现实的目标没有任何意义。

设定正面的目标，应该用正面的措辞，也就是正面的自我对话。我们可以反复在大脑里提醒自己，大脑会帮助我们实践。比如，我以前常常会迟到，作为讲师迟到，学员就会生气。于是，我决定改掉这个坏毛病。怎么改呢？输入新的程序：我是守时的人，我会提早到会场，我会未雨绸缪，我会早起规划一天的工作，我会预先看路上会不会堵车，看看天气如何。只花了六个月，我就不再迟到了。因为我用程序告诉自己：我就是这样的人。

我还告诉自己：一定要吃健康的食物，喝白开水；根据我的体重和身高，有体重的标准，我要维持标准体重；我的肺部清澈，而且是粉红色的；我吃的都是营养的食物，我要假装萝卜是饼干；我比别人有活力；我愿意听我的孩子说话，愿意听员工的话……我不断用这种方式告诉自己，不断地去改变我的程序，这时候大脑就会问，这就是你要成为的人吗？它是一个新的剧本，一个演员要按剧本演，但大脑不知道你是在演戏，它只想要确认这真的是你要告诉它的话吗，确认了以后，你的身体就会随着你的想法有所改变，随着你的自我对话内容来改变。

我现在都能做得到。这就是为什么把负面的说法转化成正面的说法是如此重要。记住，你的心无法专注于负面的想法，所以要以正面的态度塑造目标。

每天早上醒来，当我感觉很棒的时候，我会对我自己说，太棒了，又可以开始新的一天了，这就是平常我的表现；当我感觉不好的时候，我会对自己说，我平常不是这样的，所以不能再这样了，停下来，平常的你更好，赶快继续奋斗。现在我已经成了自己的好教练，每天告诉我自己想要什么，而不是自己不要什么。这是非常好的自我对话方式，现在我80岁了，好的自我对话更重要。否则我会健忘，忘记自己的孩子叫什么，忘记车钥匙放在哪了，很快连见到过朋友都认不出来了，我想要把他们都记住，所以要反复地说。但这需要时间，大概六个月到一年的时间才能改变。这是为什么销售人员要确保和客户保持非常频繁的联系。只有这样，才能强化销售人员在客户心中的印象。

## 2. 当下的力量

心智有两大功能：回顾和想象。回顾即往回看，把过去带到现在，训练、习惯都是过去的结果。想象就是幻想自己的未来，去看自己要什么，你的目标是什么，未来也可以变成现在。

你要改变品格方面的个人习惯时，一定要告诉自己现在就已经做到了，不要说以后再做到。你今天要改变的是你自己，所以你就要告诉自己，你现在就是你希望成为的人。这种对话方式只限于个人内在的品格方面的目标。例如，成为一名出色的领导者、家长或伴侣，都应该要以现在式描绘想要达成的景象。你希望能永远保持这些特质，因此人格特质的目标不应有时态的限制。请以现在式的肯定句设定人格目标。

## 3. 个人的力量

最好的目标始终都是你为自己设定的目标。公司有目标，你肯定要达成一些团队的目标，但是最让你有激情的，是你为自己设定的目标。为了达到更远大的梦想，你会为自己设定宏大的目标并努力实现，别人设定的目标带来的力量绝对不如你为自己设定的目标力量大。

让你的心专注于自己的目标，但是应借由协助他人成功来达到。由别人帮你设定目标，与自己为自己设定目标相比，你不可能用同样的热忱、精力和承诺去达成。

这一点，中国的孩子们应该深有体会。中国的家长望子成龙，总希望自己的孩子成为外交官、钢琴家、科学家、企业家……并为孩子安排了各种学习计划、培养计划。可是这些孩子真的有如此热情去实现这些目标吗？很多时候，他们只是听从家长的安排，机械地进行各种学习。他们自己也有目标，虽然不够远大，但是他们会用极大的热情去完成它，因为这个目标是他自己设定的。

## 4. 精准的力量

描绘你的成功景象时，必须具体且精准。用多少钱，什么地点，什么时间……必须设定准确。记住，如果你只是概略地谈论目标，那么你成功的机会极低。如果你能够明确、具体地谈论目标，你成功的机会就很大。如果你无法为有形的目标订立时限、加以确认或测量，就表示这个目标不够具体。重要的目标如果没有期限，就不算目标。如果没有时间限制所产生的迫切感，人们就会松懈。

## 5. 可能的力量

你的目标应该够不着，但不能看不到。实现目标的过程也应该分阶段进行，一步一个脚印，循序渐进地走向你的目标。可以把一个长期目标分解成若干短期目标，如周目标、月目标、季度目标等。小目标比较容易达成，让你有成就感，成就感会带来信心，带来激情，而且小目标就算错过了也比较容易修整，你可以去搜集更多信息，用不同的方法再试一次。多试试，多去寻求别人的指导，这样就更容易完成。

美国有个节目叫《今天》，该节目会请老寿星到节目里受访。有一天早上我就看了这个节目，那期邀请的是一个叫史密斯的百岁老人。他在访问台上放了好多植物，他本人穿着牛仔裤，头上戴着大帽子，不停地在浇花。主持人说："先生，很抱歉，我知道你的植物很漂亮，但是你现在浇花，会把现场弄湿。""我的植物需要水啊。"史密斯先生回答。"不对，不对。我知道您是搞园艺的，但我请您上节目，是想知道您为什么可以活到100岁。"史密斯先生说："我死了，谁来照顾我的花啊？"

同理，这也是为什么我能长寿的原因，对我来说，学员就是我的花。再过5年，我就85岁了，到那时我要学会汉语，这就是我未来5年的个人目标。另外，我希望再培养出 200 位讲师，将会有 100 万人接受我们的课程。这就是我未来 5 年的专业目标。

我设定的目标不是唾手可得的，但一定可以看得到。然后我要问自己一个问题，如果我达到个人目标了，它会给我的家人带来什么影响，会给我的团队带来什么影响，会对公司有什么样的影响，对我身处的社区、社会有什么样的影响，甚至对我的国家有什么影响。设定目标的重点在于我希望我达标了对别人也有好处，这会让我觉得我有贡献，我是一个服务型的领导。现在轮到你设定目标了，设定目标就可以带来黄金，让你的心智成为钻石矿，好像海法特一样，你不用在外面找，从大脑里找就找得到你的未来。

# 05

敢于负责才能成功

**设**定好目标后，接下来的问题是，谁可以帮你达成这个目标？事实上，你只能靠自己，你可以和他人合作，但责任始终在你，这不表示你一定要能够解放自己，要突破，要与众不同。只是你要记住：人生是由自己主宰的，通过你的判断来决定你的人生方向，根据自己的选择而生活，不能靠机会、靠运气。如果今天的成功是要靠运气的话，那你完全可以去澳门、去拉斯维加斯赌一把。请记住，成功和运气之间没有什么直接的关系。成功要求你必须负起责任，而且要做出个人的抉择。

牛顿说过："每一个作用力都对应着一个相等反抗的反作用力。"这是物理定律。同样的，不管你做什么，一定有一个结果，即使该做的不做也一定有一个结果。也就是说，必然的选择一定会出现必然的后果。所以，我们不能凭运气，一切都要靠自己的抉择。

# 做个敢于负责的人

应变大师不会看着过去就决定自己的未来,他们不会怪罪自己的父母,也不会怪罪自己的童年,或归咎于自己的贫穷,不会将现在的结果怪罪于过去的制约或环境。因为他们的决策是根据核心价值及知识所做出的最终选择。他们会去效仿领袖、榜样,想象自己有一天可以和他们一样。你去读那些伟人传记的时候,就会发现他们中的很多人都克服了很多非常巨大的困难,而且他们很多人的童年比我们的还要悲惨,可是他们为什么能够成功?因为他们决定要自己掌握人生的方向盘。

真正成功的领导者——不论是拥有庞大的财务资产还是对社会做出过伟大的贡献——都是勇于承担个人责任的人。对自己和他人诚实,才能拥有成功、财富与发自内心的快乐。

## 1. 责任感需要从小培养

美国人现在共同存在一个大问题,就是都不想负责任,出现问题永远是别人的过错,我们要别人来照顾我们。因为我是美国人,生在那儿天生就有优越感,总会想着,钱应该是父母给,这样我就不用上班了,因为父母有钱,是他们亏欠我的,我是他们生的,他们就得负责我的衣食住行。这个问题很严重,我们应该想办法教导下一代去负责任。

你们应该看看美国现在的样子,以孩子为中心的家庭比比皆是,孩子是家里的老大,父母只是给钱的人。因为父母希望孩子能够爱他们,可是他们又没时间和孩子在一起,那就用钱来换感情,给孩子钱,给孩子礼物,让他不用努力就能得到想到的东西,这样他就会永远爱我们了。

> 有一次,我开车到朋友家去吃饭。他们的家很漂亮,夫妻二人都是斯坦福大学的高才生。我到的时候,他们的儿子正在家外面的草坪上玩,草坪上全是孩子的玩具。我走到他们家门前,一不小心踩到了那孩子的玩具,他就对我大吼:"你怎么踩在我玩具上面?踩坏了你要给我买一个新的,你这个坏人!""对不起,因为天色太暗了,我没看见,再说玩具应该收好吧,这样就不会被弄坏了。"我向他道歉,他却对我吐着舌头。我只好不理他,直接走进他的家。
>
> 等到吃晚饭的时候,这个孩子吵闹着要和我们一起用餐。他才5岁,坐在高脚椅上,可是他根本不好好吃饭,而是把吃的东西全倒在地毯上,不仅倒菜,还要倒牛奶,就是为了让蔬菜粘在地毯上。对这孩子的行为,他的爸爸妈妈熟视无睹,甚至他妈妈还说:"我的小宝贝啊,你不要这样嘛。不过你这样的话也没关系,爸爸再端新的给你吃,这样你长大后会非常的强壮。"
>
> 我听了这话简直不敢相信,5岁的孩子得被绑在椅子上,他才愿意吃饭,而且还不好好吃,又哭又闹的。
>
> 既然他的父母都不管,我也只好安静地吃我的饭。不一会儿,这个孩子离开椅子,走到我的座位旁边,伸手把我盘子里的西红柿拿起来,塞到他自己的嘴里。我说:"你不要吃我的西红柿。我很

喜欢吃西红柿，这道沙拉是我的，麻烦可以让我吃吗？"他很不满，居然拿脚踢我，但我的反应很快，毕竟是当过飞行员的人，我的腿一下就移开了。他没踢到，反而自己摔个"四脚"朝天，摔疼了自己的屁股。他哭着跑到他的爸爸妈妈那："这个人打我……"他父母亲问我到底是怎么回事，我说："我可没打他，是他自己跌倒的，而且，我怎么可能打你们的一家之主呢？"

后来他的父母决定要哄他上床睡觉："小宝贝啊，你要上床睡觉了。""我不想睡觉。"小男孩反抗着。他的父母就把饼干放在楼梯上，小男孩就一步步爬上去，边爬边吃饼干。饼干一直放到床上，小男孩就这样一路吃到床上去。结果我犯了一个大错，我对他的父母说："那他以后上学了，怎么办？难到把饼干沿路放到学校去吗？但不行啊，狗也会去吃啊，这样他肯定会天天迷路的。"讲完这句话，我就赶快离开他们家，因为我讲完，他们可没笑，而且以后都不邀请我到他们家去了。

我看见过许多反被子女操纵的父母，尤其是经济条件较为优越的父母，这种现象存在于世界各地。我们也观察到许多被父母过度放任或过度限制的青少年及成人，都缺乏自制力。生命最大的风险在于被宠爱或溺爱，进而认为自己有权力依靠他人获得日后的安全感，但安全感其实是来自能让你拥有独立能力的规划、行动及决定。能够解决问题并创造机会的领导思维，则来自创意思考的反复试验。

## 2. 敢于犯错才能敢于负责

作为家长，我们不能溺爱孩子；作为领导者，我们不能放纵员工。相对于惩罚来说，我们更应该小心对待奖励，你要小心你的奖励行为，否则一不小心就可能造成严重的后果。不管是对孩子还是对员工，都是如此。孩子一哭，你就给他糖果，给他玩具，这样孩子就不哭了，可是孩子也懂得了，想吃糖了，想要玩玩具，只要哭就行了，一哭就有奖励。员工也是如此，他们不懂的，如果你帮他们做，他们永远也学不会。你如果不允许他们犯错的话，他们就永远不敢尝试。

所以，你要把家里营造成一个可以让人安全犯错的环境，让孩子从小就勇于尝试，并敢于负责任，这样他才能学会飞翔，离开巢穴，像雄鹰一样，展翅翱翔。

> 小鹰刚出生的时候，母鹰很细心地照顾它们，它用树枝在山顶盖了一个非常大的巢，巢里面是兔子的毛，非常舒服，非常温暖。通常巢里会有两只小鹰，一个公的，一个母的，鹰妈妈每天晚上都喂饱它们。小鹰一天一天地长大，终于有一天，鹰妈妈不再带着猎物回来，小鹰就问："妈妈，食物在哪儿？"鹰妈妈不理它们，只是自顾自地休息。以后的日子里，鹰妈妈会长时间地停留在另外一个山峰上，远远地看着小鹰，它就是想让小鹰自己学会飞翔。此前它已经教小鹰们怎么挥动翅膀了，但小鹰们不想飞，它们喜欢留在巢里，有妈妈照顾多好。

> 为了强迫小鹰们离开巢,鹰妈妈慢慢地把树枝叼走,把兔子毛叼走,巢里变得越来越不舒服,小鹰们又没有食物可以吃,鹰妈妈也不常回来,它们如果不飞出去寻找食物,只能饿死。为了生存下去,小鹰们慢慢地开始抖动翅膀,一点一点地尝试飞翔。

鹰妈妈"狠心"地打破孩子们舒适的生存环境,强迫自己的孩子独立。教孩子就要用这种方法。及早给孩子责任,教他们怎么铺床、叠被子、收拾玩具,怎么帮大人做家事。不当的行为不要奖励,不要孩子一哭就立刻给他糖吃,要让他知道自己该做的事情没有做的话,他的某种权利就会被剥夺。孩子长大以后,你要想办法去影响他,因为这时候已经不可能再去控制他了,他已经准备好飞离巢穴,他希望多和朋友在一起,受他们的影响。

就像我的女儿一样,我没有办法再影响她了,现在她变成我最好的朋友。她会告诉别人,在她很小的时候,我管她管得太严了。但是我这样管,她才飞得起来,不用我在旁边帮忙,她也可以勇往直前。

员工也是一样,为什么要知道员工有什么欲望?为什么要知道他们有什么梦想,有什么目标?是因为你知道了他们的需求,你才能去培养他们,让他们愿意冒险,让他们不要害怕失败,失败也不会被惩罚。当然,他们表现不好时,你可以批评指正,但是要私下里进行,不要公开羞辱。最严厉的惩罚就是公开批评,这种做法非常残酷。

> 很久以前,在美国的一些地方,如果有人当了贼被抓住,人们就会把他关在一个非常窄的木笼子里面,再把笼子放在村子的中央,

> 所有的村民聚集过去，指着他，嘲笑他，骂他："你是贼，是坏人，是个笨蛋！"这种感觉非常糟糕，公开的羞辱会让人感到非常丢脸，并且这种羞耻感会伴随他一生，令他永远无法抬起头。

为了培养员工的责任感，我们一定要教会员工怎么做，但不必凡事都帮他做。一个好的领导是如何做的呢？

员工过来说："领导，我有一个问题，不知道怎么解决，以前从没碰到过。"领导应该反问："你有什么解决办法？你觉得你应该怎么做？你希望得到什么样的结果？可不可以找一个团队里的成员帮你的忙？"员工说："不行啊，别人都解决不了，所以我才过来找你，你是我的领导啊。"

很多领导因为时间不多，没时间教员工，或者觉得与其教会员工不如自己做来得快，所以干脆帮员工做了。他们的想法是：我做的速度更快，我的经验更丰富，何必教了他们再等他们慢吞吞地做，而且他们还可能犯错，我自己做的话现在就能把它做好。于是，很多领导爽快地说："好！交给我，我来做。"这样看似在帮助员工，其实是在害他们，因为他们学不会如何处理问题，就无法成长。

领导可以办到的，也应该把问题交还给员工，让他们去伤脑筋。就像管教家里的孩子一样，玩具要他们自己收，床要他们自己铺，凡是他们该做的、能做的家事都要他们自己做，这样他们才可以做自己想做的事。我们帮他们做了，就相当于把孩子的翅膀剪断，把员工的翅膀剪断，无法培养他们勇于冒险、承担责任的能力。

# 成功的代价

## 1. 负起传递知识和成为榜样的责任

成功是要付出代价的,要负责任地去吸收知识,吸取经验,你知道自己的榜样是谁,你知道要从什么地方学习,而且你还要把你的知识和经验传给你的孩子、你的员工。

要当一个应变大师,要当一个优秀领导者,前提之一就是你自己要学会怎么做,这样才能教会别人怎么做。对于孩子,你要学会放手,然后教小孩子怎么去飞翔。对于员工,你要思考怎么样教导他们,让他们愿意主动出击。这是身为领导者的责任。

你还要以身作则。为了激发员工努力的方向,应该找一个可以激发他们、启发他们的人,人要有愿景、要有激情才可能受到启发。这个人可以是别人,也可以是你自己。成为你下属的榜样,让他们以你为标准,是个不错的选择。因为你和他们接触最多,而且你的成绩有目共睹,让他们看着你怎么做,他们就会觉得自己也能做到。

这就需要:第一,要亲自示范怎么干。第二,和他们一起讨论,让他们参与进来,共同做出改进的方案,这就体现了沟通的重要性。沟通很重要,大多数的领导者沟通不够,员工常常会说:"我希望多看到我的领导,他能多和我沟通一下。"每个人都有优势、劣势,了解他们的需求,了解他们比较想做什么工作,你才能对症下药。第三,让他自己去做,你关注过程,发现不对,要及时地指出来,这就是协助。你要做教练和陪练,帮他们总结，帮他们修正，协助他们提升。领导者有时会很难忍受下面的人犯错，但是你要让他们有学习的机会，允许他们在你可承受的范围内犯错误。第四，他们独立做完后，会得出一个结果，你及时地反馈，不管结果是好还是坏，做得好的话要及时表扬，做得不好的话要及时给予指导。

## 2. 为自己的决定负责

为自己的决定负责，无论做什么样的决定，你都必须承担后果。分辨我们的人生中什么可以改、什么不可以改是非常困难的，人生最大的问题就是对那些我们可以改变的事情却不想改变，因为我们不愿意负责任，而另一方面我们却非常努力，想要改变我们根本没办法改变的事情。成功的人生应该选择做自己能够改变的事，然后不管多么困难，都要对自己的决定负责。只要能改变的，就要勇敢去做，而不要找任何借口。能否做到这一点，也是应变大师和变革牺牲者的区别。

很多时候，我们习惯于找借口，不肯负责任。大家经常会说："这不是我的事。"已经发生的事是不能改变的，能改变的是我们对事情的态度和看法，虽然这不是我的事，但是我有责任和义务去做，并把它做得更好。

现在回顾一下你的人生，首先，你要看看自己，为了不做自己不愿做的事，你找了什么样的借口；其次，到底有哪些事情你是根本没办法改变的；最后，你可以改变什么，可以控制什么。

我们的一天就是 24 小时，可是我们天天逼自己承认，如果有更多的时间，一定可以做到某事。这就是一种借口，因为这是不可能的，天天逼

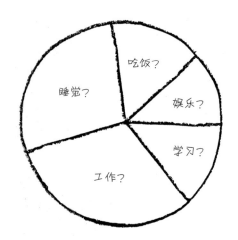

自己,只会把自己逼上绝路。你可以控制的是怎么运用这 24 小时。

另一种我们常用的借口是:"我老板有问题,他对我要求太高了,我怎么可能都做完?"没办法改变的是,他就是你的老板,除非你想被开除,或者是换个公司,换个老板。可以改变的是,想办法约时间和老板讨论一下,对你提什么样的要求比较合理。

当然我们还有其他的借口,想一想,有没有解决的办法,可以寻求别人的帮忙。有时候我们的视野就这么狭隘,有别人的帮忙,你才能拓展视野,成为应变大师。

## 3. 远离有负面想法与行为的同侪

一定要远离你周围那些负面的人,但你不一定做得到。公司里面一定有人会嫉妒你,不想让你进步,希望你停留在原来的职位上,这样你就不能取代他了。那些负面的人,很可能不知道自己有多坏、有多负面,不知道为什么他们没有朋友,为什么大家宁愿到别的公司也不想和他们相处,他们不知道自己会让其他的员工丢脸、难过。他们相信DISC测试的结果，他们会说："我就是这种人，这不是负面的，我只是务实而已。"

所以，你在空闲的时间，要多和正面的人打交道，比如吃晚饭、吃午饭时，要和正面的人吃，可以挑公司里面乐观、积极的人当朋友，可以多听一些让你比较有精神的音乐，可以读一些比较正向的书，看一些正向的视频。就算环境很不利，你也要想办法保持你的积极性，我自己就在努力学习这一点。

我的父母亲都很消极，我的妈妈在世的每一天都在抱怨，抱怨了96年，对我说的永远都不是好话。但没有关系，我知道她为什么会这样，因为在我9岁的时候，父亲就离开她走了，她要独自养活3个孩子，没钱没技能，所以她很严苛，很消极。我的父亲是个酒鬼，又爱抽烟，所以很早就去世了，没机会看到自己的孙子孙女。

我还记得，我以前看见我母亲消极悲观的时候，就告诉自己，她不懂，所以才会这样，但我懂这个道理。只要她又对我说负面的话，我就想办法用正面的方式去回应。比如，她说外面又下雨了，我说这样花就长得好；她说外面太热了，我说阳光对花也有好处，我们还可以去游泳；她说我要去上班，这样你们才有饭吃，才有机会去玩，我就说，你和我一起玩，我就帮你煮晚饭。

## 4. 敞开胸怀迎接崭新的人或事物

现在只要有人对我说负面的话，我就说谢谢，我希望我的个人能够成长，你越批评我越好，我一定会想办法改进，尽全力改进，谢谢你指出我的缺点，这样我就更坚强了，你我都要意识到这一点，我们要去拥抱这种崭新的、陌生的事物。

当你成功的时候，你更要加倍小心，一定会有人嫉妒你，因为你过得好，你比他们进步，赚的钱比他们多，他们就会觉得你自私、自满。千万不要被嫉妒、批评打败，否则你就会害怕自己成功了。你是自己事业以及生活的首席执行官，换句话说，你就是一个一人公司——一人的服务性公司，提供高质量的服务，你就是自己的人事部门主管、研发部主管、财务部主管，是一个多合一的公司。你能够主宰人生的话，你才能针对它作出决定。

## 学会自制是成功者的必修课

在我们的人生中，成功需要坚持不懈地努力追求，但是失败往往不请自来。所以除了责任心，你还要有韧性，还要有自制力。当你失败的时候，你一定会很伤心，甚至抑郁、焦急、愤怒，但是不要持续太久，不要浪费太多时间去怨天尤人。失败并不可怕，要勇敢站起来，找到更好的老师，吸收新知识，总结经验、教训，相信下一次一定会做得更好。灰心时要提醒自己：我可以处理这种问题，我不是失败者，失败是暂时的，只是一个偶发事件，不是我个人的失败。

自制力对领导力而言是很重要的，在美国，还存在那种爱骂人的领导。这些领导经常对员工生气，大骂员工笨，大家都讨厌这种领导。美国大约有86%的员工离职，都是因为上司爱生气又没有能力。领导要懂得去促成、去启发员工，最难帮助的是永远都处在生气、愤怒情绪中的人。人生气的时候可以去打球，或者是去慢跑，用运动来发泄你的愤怒，不要把你的愤怒发泄在别人的身上。

好领导能控制自己，有弹性，愿意放开心胸，接纳各种可能，不会心胸狭隘。除了自己以外，人生里面你还能控制什么呢？

## 1. 时间

时光是不断流逝的，一去不复返，我们任何人都不能使时光倒流。但怎么运用时间、怎么安排时间却是你可以决定的，尤其是空闲时间。换句话说，你的时间要怎么去利用，哪些事情要先做，哪些事情要后做，哪些事情根本不去做，这是你可以决定的。

身为领导者，要平衡好工作和家庭，把时间合理分配。我们有多少人常常借口没时间，而忽略了我们的爱人和孩子？虽然我们的工作繁忙，时间就这么多，但是我们却可以做好时间管理，以便把更多的时间留给我们的家人。

## 2. 概念

我们想什么，如何去想，自己有什么概念，如何看待事物，我们可以自己决定。客观的事物我们没法改变，但是却可以改变主观的看法。比如说，有人因为经济原因，很多想做的事都做不了，很多想要的东西也买不起。这是我们无法改变的，或者说是一时无法改变的。但是，我们可以改变自己的想法，相信自己的生命其实是丰富多彩的，珍惜身边的人和事。人们常说，得不到的东西才是最好的，这是个心理误区，与其为得不到的东西伤神，不如珍惜手中拥有的，这样你会发现，自己拥有的东西也一样美好。

## 3. 人际关系

我们的人际关系是可以自己决定的。我们要和什么人接触，完全可以自己选择；要交什么样的朋友，也可以自己决定。虽然说有些人，我们逃不开，比如我们必须和一个讨厌的人做邻居，做同事，但是我们可以自行决定和他的关系亲密度，可以敬而远之，也可以化敌为友。

## 4. 沟通

沟通的时候，要听还是要说，你可以决定；以什么样的风格进行沟通，你也可以决定。我就有这种问题，我的嘴巴一刻也停不下来，是典型的"话痨"。我在跟孩子沟通时也一样，在孩子成长的过程中，从来都是听我说教，而我从来不问他们问题。即使问他们问题，他们只要答"是"或"不是"就好了。

事实上，我应该去了解他们重视什么，我应该问的问题是"度假的时候，你们想去哪里""这个周末你想要做什么"，但是我没有，我永远是用命令的口吻跟他们说话，永远不会开放式提问，总是问"你要还是不要"，什么事情都是由我自己决定。

我喜欢说教、演讲。和别人沟通时，基本上都是我在说。但这样一来，我就没法倾听别人的意见，什么也学不到。如果我经常发问的话，就可以学会很多知识，因为大家都喜欢谈自己。你可以向医生问一些医学方面的问题，你也可以向律师讨教一些法律知识，你还可以跟会计师讨论一下如何理财……我可以保证，每个人都可以成为一个好的讲师，只要你善于发问，你就会源源不断地获得大量的知识。如果你愿意去听别人讲话，又愿意去分享，你也会成为优秀的讲师。

## 5. 投入

为了你的理想，为了你的人生目标，你能够投入多少，这是你可以决定的。

什么叫投入？你为了达到目标，愿意花费多少时间、金钱和精力？有些人的理想很伟大，需要投入大量的时间、金钱和精力才能完成，但这些人不愿意投入，因此，他们的理想也就变成了空想，没有任何意义。但有些人正好相反，他们的理想很朴实，而且愿意为此付出，最后他们成功了。这样的人才是脚踏实地的人。

不管你的理想是伟大也好，朴实也好，这并不重要，重要的是你是否愿意为理想献身。你全身心投入了，即使理想未能实现，也无愧于心。

## 6. 情绪

你可以决定自己要不要担忧,担心什么;你也可以决定自己要不要生气,为什么生气。客观的事物我们没法改变,但是可以改变我们对事物的反应。我很喜欢中国人的智慧,因为我年纪大了,喜欢孔子,也喜欢老子。中国有句古话:"不以物喜,不以己悲"。就是要求我们以平常心看待事物。

## 7. 利害关系

《布尼尔祈祷文》里有一段话:"愿上帝赐我平静,去接受我无法改变的事情;愿上帝赐我勇气,让我改变我能改变的事情;愿上帝赐我智慧,让我明辨两者的区别。"我非常喜欢这段话。

什么可以改,什么不可以改,我们要分清楚。接受没法改变的,比如历史是没法改的,它已经离开我们了,只是学习的来源,只是一些记忆。但我们可以选择回忆哪段历史,参照哪段历史。我们的过去也是没法改变的,我们只有接受它,才能开拓未来。

我的母亲就是在我的怀里去世的,在她96岁的时候。去世之前,她问我她是不是个好妈妈,我说:"妈妈,你是好妈妈,你给了我生命,我真的非常爱你,你这么拼命地工作,让我可以去上学……"她说那太好了。但是我妈妈永远不忘记给我教训,她临终之前就说:"我们很快又会再见面了。"我说:"麻烦再等20年,不要太快。"

但是现在我能够接受我的童年,让我更感激我现在拥有的一切,因为我的过去没办法改变，所以只能用不同的方法去看待它，你也要帮助所有你认识的人，让他们也能用不同的态度去看待自己的过去。这样你相当于给他们一个最美好的礼物——选择带来的力量。

　　我虽不是高层领导者，但我还是觉得自己有很多责任，还可以做出很多不同的选择。我是可以改变的，并坚信自己可以改变，这样我就会用更好的方法去改变。

# 06
## 时时刻刻讲诚信

## 永远不要失去诚信

  诚信是个人品行与道德的标准之一，与你当下所处的情况无关，也不会因为出于权宜而可有可无。对小事展现完全的诚信，就是一件了不起的事。就如同人们常说的，"魔鬼藏在细节里"，"大象不会咬人，但跳蚤会"。诚信没有程度上的区分，抱着侥幸心理做不诚信的事情或许能躲过一时，但总有一天会露出马脚，而你终究得为此付出代价。因此，我们要随时随地讲诚信，但凡以讲条件为前提的诚信，都是虚伪的。

  无条件的诚信，是不分任何时刻的，一天 24 小时，一周 7 天……也是不分任何对象的，对你的爱人，对你的孩子，对你的员工，对你的老板，对你的国家……你都是一个可以信任的人。这真的很难做到，中国有句古话："金无足赤，人无完人。"因为没有人能做到十全十美，要试着对一切人都诚实，这样才可以建立稳固的关系。

  诚信和内在的价值有密切的关系，这是未来领导者务必要抓紧的一件事。不管是中国，还是美国，每一个国家都一样，都应该提倡无条件的诚信。中国历来都非常推崇诚信——既提倡专业的诚信，又提倡个人的诚信。如果中国人都以诚信为本，那么中国就可以维持世界领先地位五百年，甚至可能是一千年。历史上，中国曾经领先几千年，所以中国人只要能保住第一，时间一定都很长久。

而美国呢，美国人的确有一些非常好的特质，比如有创新精神、自信，觉得自己什么都做得到，虽然没什么纪律，但愿意去尝试新鲜事物。但是很多美国人不值得信任，而且这些不值得信任的人又都位高权重，既有钱，又聪明。尽管他们为美国的发展做出了一定的贡献，但我还是希望他们首先能做到值得人民相信的人。

我不想批评他们，因为与其去批评别人，不如先做好自己。我们可以照照镜子，然后问自己："我喜欢和这个人结婚吗？""我希望有这样的父亲吗？""如果我为人父母，我希望这个人当我的儿子吗？""如果我是员工，我希望有这样的老板吗？""如果我是老板的话，我希望有这样的员工吗？"等等。这样我们才能站在别人的角度去思考，去判断他们所做的事情。我们要先确保自己是讲诚信的人，才能要求别人，才有资格教导别人讲诚信。

我们能给子女的最好礼物就是培养他们强烈的道德感与品德价值，让子女及早承担个人的责任。除此之外，也要教导子女不吝于付出且时时心存感激，以及如何关怀他人的权利与权益；教导子女了解生命真正的回报取决于个人付出服务的质与量。如果要用一句话来描述领导能力，即"以身作则，让子女起而效仿"。简单地说就是："言行一致。"

同样的，身为领导者，对于我们的同事和下属，我们也应该发挥言行一致的诚信原则。只有这样，才能使诚信变成大家约定成俗的守则。如果我们言行一致，我们的生命价值自然会做出最好的诠释与证明。

## 1. 不讲诚信的代价

无时无刻不诚信，每天都是一样，不是看情况，不是只要现在诚信了就算诚信，也不能为了赚钱才宣讲诚信。你要诚信，是因为诚信乃做人之根本。美国著名的《财星》杂志曾经访问过许多世界500强企业的首席执行官，问他们认为聘用与升迁高级主管时最重要的特质是什么，受访的首席执行官们一致认为，诚信与值得信赖是最重要的特质，无一例外。

你可以有决心，你可以动作快，你可以非常有能力，你可以口才非常好，你可以想办法让别人追随你，但如果你不诚实，他们就会离开你。无论任何感情都要以诚信为基础，只要诚信不在，关系就不在。

人离婚也是因为这个原因，不再信任对方，感情也会消失。两个人结婚，一方违反了承诺和约定，互相不再信任，就此劳燕分飞。结果是因为相互信赖，深爱着对方，所以山盟海誓、一生忠诚。

诚信必须是内在价值观的一部分，而且是非常重要的核心。如果丧失了诚信，其后果是难以估量的。

> 罗马帝国始建于公元前27年，亡于公元395年。在罗马帝国的全盛时期，它控制着大约590万平方千米的土地，是世界古代历

史上最大的国家之一。罗马帝国的沦亡，是由内（人心）腐坏，是因为罗马人变得沉迷于享乐、以自我为中心而且人心腐败，并非外来的征服者所导致。在帝国崩溃之前，罗马人只对外观感兴趣，而对人生感到无聊，所以他们需要竞技场、角斗士，相互残杀，大家才会觉得刺激。

为了显示自己的地位，罗马人的房子前面一定要有非常庞大的雕像。但是，他们在乎的只是外观漂不漂亮，根本不在乎质量。结果黑心的商人随便做一个，质量不用太好，只要在外面敷一层蜡就可以了，蜡可以把那些缝隙、裂开的地方全部填满，而且看上光泽亮丽，精致完美，但里面全部是裂痕。生产这样低质量的产品，速度大大加快了，产量也增加了，人们渐渐发现，原来这些雕像都是金玉其外，败絮其中，最后整个罗马帝国只剩下一个地方还出产好的雕像，这家店在罗马中央，外面有一个招牌，意大利文叫"没蜡的雕像"（since cera）。

由于罗马人之间缺少真诚，后来，"since cera"这个单词就成为真诚（sincere）一词的词根。

所以，我们在招聘或升迁高管的时候，首先看他是不是一个"没蜡的雕像"，看他是不是只空有其表而已，是不是只会"表演"而已，然后看他是不是个有真材实料又讲诚信的人。

## 2. 将诚信传递下去

一直以来，我都尝试着把诚信的概念教导给年轻人，这在美国是非常困难的，但我还是努力去实现。我的做法是，把一些年轻人召集在一起，让他们围一个圈，坐在一起。然后把一个厚厚的皮夹子丢在中间，里面有8张100元的美钞，有信用卡，有驾驶执照。我还给他们设计一个情景：你现在放学回家，看到街上有一个皮夹子，而旁边没有警察，甚至没有路人，你把皮夹子捡起来，然后怎么办？

有人说："因为钱是我捡到的，所以我可以把它留下来，然后把皮夹子放在信封里面寄回去，我又不用写我的名字。"我说："不行，信封上会有指纹，总有一天警察会找到你。"他说："不用担心，现在找不到我就行。""万一你看到驾驶执照上的相片，发现失主原来是认识的人呢？原来这个皮夹子，是住在不远处的一个老太太丢的，她所有的财产就是这么多钱，你怎么办？"他说："如果是这样的话，那我把钱还给她就是了。"我再问："如果你看到驾驶执照上居然是你妈妈的相片呢？"有人就说："那我留400块钱就好，剩下的400块钱还给妈妈。"大家都笑了。

所以，我就说："在某些情景之下，你会把钱还回去，你的行为是看情况而定的。"大家说："对啊，就是这样啊。"我接着说："再换一个情景，你要和中学同学一起去中国旅游，你一直在存钱，存了800块钱，全放在你的皮夹子里。你去机场坐飞机的时候，先去了趟卫生间，把皮夹子放在洗手池边，然后你着急上飞机，就把皮夹子忘在卫生间里面了。等你上了飞机才发现皮夹子不见了，于是赶快下飞机去把皮夹子拿回来。可是你到了卫生间，却发现皮夹子已经不在了。是不是下一个用卫生间的人过去，看到你的皮夹子，把它拿走了？这时候你会有什么样的期望啊？你会期望他把你的皮夹子送到警察局吗？你的钱都在里面，如果警察自己把钱收了，光把皮夹子送到失物招领处怎么办？"年轻人就开始思索起来。过了一会儿我告诉他们，每个丢皮夹子的人都像你一样，你希望别人怎么对待你，你就要怎么对待别人。这是为什么皮夹子里面的钱一定要完整地物归原主。因为有一天说不定掉的是你自己的皮夹子。

所以，在任何情况之下都要有诚信，利己利他，对社会的有序性发展是非常重要的。我曾经调查过很多企业，它们最希望晋升的是哪些员工。"我能信任的员工，诚实的员工，我就会让他升职。"大多数企业领导都这么回答。因为大家都是在同一条船上，你需要的就是这种让人信赖的同事。

而身为领导者，你的工作非常重要，得到的回报意义也相对重大。有原则的生活——拒绝漠视道德与一夜暴富的诱惑——最终将会赢得胜利，让你的余生拥有真正的财富。不要忘了，诚信需要主动地培养，而不是被动地形成，你应该在保持自己诚信的同时，去培养下属的诚信，这对公司、对下属本人来说，都是一笔不小的财富。

但是在公司里推广诚信，不是一朝一夕的事，需要公司上下相互监督，逐渐培养。这是件很困难的事，领导一定要发挥百折不挠的精神。比如，你鼓励员工讨论诚信，他们永远会说一些无关痛痒的事。因为说起跟我们没有利益关系的人和事，我们自然不用顾忌，但是说起自己以及跟自己相关的人，大家都没有办法敞开心扉，这是很正常的。在公司内部，一名底层员工怎么敢指出他的上司的不诚信行为？即使双方是同事，对于直接批评指正对方的缺点也会有所顾忌。身为领导，你没有办法逼他们一定要讲真心话，你只能不断地去鼓励他们，去激励他们，让他们尽量实话实说。如果大家实在不愿意说，还可以写出来，以匿名的形式，这样大家就不会有心理负担了。

或者你可以用别的公司的例子，来引导他们思考，讨论这些故事的教训怎么适用自己的状况。一开始可能比较困难，但是你可以先组成一个小的讨论组，让大家觉得在这个小组里可以开诚布公，之后的讨论才比较有建设性。可以举一些例子，不一定是自己的例子，也可以是你碰过的例子，让组员自己去分享。如果组员对某件事情的诚信有意见的话，就有可能反观自己，如果有一天，他打算做一些不诚信的事情时，可能会想起这种行为是不诚信的，说不定就不做了。

无条件的诚信是非常困难的，但是请记住，我们都不是完美的人，难免会犯错。在工作和生活中，我们应该尽量不去说谎话，有的时候，即使是真话、正确的话，也要选择说的方式和时机。比如你对你的老板有意见，他的某些做法对员工很不公平，但是你不能直接告诉他。你若是当面对他说这样做不行，试问他会听你的吗？不但不会听，反而会对你产生看法。你若是想给老板提建议，应该先想办法赢得其信任，建立你的可信度，然后再找机会，以委婉的方式表达。这样，你的话他才可能听得进去。

所以在公司里面，你要说什么话，什么时候说，要特别注意，有些话需要非常地直接讲出来，有些话就要选择合适的时机，等时机对了再说出来。

美国有一则广告很有意思，讲的是美国前总统林肯的故事。林肯是以诚实著称的，算得上美国有史以来最诚实的总统之一。林肯回家以后，他太太正在照镜子，她就问林肯："亲爱的，我是不是变胖了？"林肯很为难地看着他太太，问道："我要讲实话吗？"她太太说："当然要讲实话了。"结果林肯转身就走了。虽然林肯很诚实，可他却没有办法向他太太说实话——你胖了。好在林肯很聪明，他想到了一个不伤害他太太的方法——转身离去，根本不说话。他可以告诉他的太太"我的甜心啊，多吃水果，不要再吃蛋糕了"，或者是"你好美，你不管怎么样都美"。这样说也许效果会更好。

## 诚信三部曲

我们在朋友身上，在伴侣身上，在领导身上，都想要看到诚信。但诚信不是简单地实话实说，而是有三个原则，我称其为诚信三部曲。

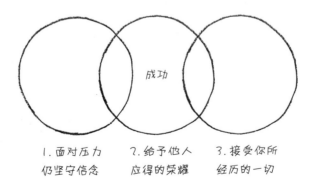

## 1. 面对压力时仍坚守信念

你知道你这样做是对的,而且在有压力的情况之下要能够坚持。通常来说,在领导的威严下,要顶得住压力真是非常困难。你知道你是对的,但你愿意去坚持你的立场吗?

> 有一个专门负责外科的护士,在某医院服务。当她第一次进手术室的时候,她的工作就是辅助医生开刀,确保所有手术器械在开刀前就到位,并在手术之后检查手术器械完整无缺。
>
> 等到外科医生开完刀,需要缝合的时候,他对护士说:"现在你准备缝合伤口,手术的部分已经结束了。"护士说:"抱歉,还不能缝合,我现在只看到11个棉花球,而我们开刀前有12个棉花球,我怀疑还有棉花球在病人的伤口里。"医生说:"我要缝你就缝,现在就缝好!""医生,很抱歉,开刀的时候,有12个棉花球,现在只有11个,不能缝。"
>
> 医生看着这个护士,微笑了,他把脚抬起来,原来还有一个棉花球踩在他的脚下。医生说:"你的态度是对的,你在这儿一定会有好的表现和发展,你不会因为我有权势,就怕我。你是一个非常好的外科手术护士。"
>
> 护士惊讶地问:"你为什么用这种方法来吓我啊?"
>
> 医生说:"我要看你能不能坚持。"
>
> 护士说:"请你以后不要再用这招了,我刚才差点心脏病发作。"

这位护士很好地顶住了压力，坚守了自己的诚信，但是不一定每个人都能做到。比如你有一份很棒的工作，你喜欢也很敬重你的主管。而你有一位同事一直迟到早退，还经常要求你替他掩饰。最近，主管针对最努力工作的员工给予奖励，而这位同事获得了最高奖赏。你的主管又是非常讲求诚实与诚信的，在这种情况下，你会怎么做？

你能否去找那位经常违规但是又被奖励的同事，跟他沟通，告诉他你其实一直对他有意见，每次你替他掩饰，都违背了你的本意，而且为他掩饰，你已经遭到了领导的批评，你一直因此而痛苦，你希望他能帮助你消除这份痛苦，唯一的方法就是他去找主管主动撤下这份奖励？如果他不同意的话，你能否进一步告诉他，你会向主管揭发此事，哪怕今后和他形同陌路？或者你能否告诉他，你以后不会再为他做任何掩饰，也请他以后尽量做好一个优秀员工应该做到的事情？抑或你能否对他讲清楚诚信的重要性以及不诚信的严重后果，希望他跟你一起去向主管报告整个事情的经过以及你们自己的想法？

## 2. 给予他人应得的荣耀

诚信，就是你应该把别人应得的荣耀给予他。我时常反省，自己书里写的东西真的是我的想法吗？是不是我在互联网上摘下来的？我不记得了。我在读书或上网的时候，看到有些东西写得真好，就摘录下来放到我的书里去了。这不应归功于我，而应该把原作者指出来。生活中、工作中有很多类似的情况，别人也参与的时候，要把他们该有的功劳给他们。成功不能走捷径，今天有了互联网，很容易把别人的东西变成自己的，这个诱惑太强了，我已经学会把别人该得的功劳给他们。

但是未必每个人都能做到，有很多历史名人在这方面也受到过质疑。比如著名的发明家爱迪生，他是美国电工学家、企业家，拥有众多重要的发明专利，是历史上第一个利用大量生产原则和工业研究实验室来生产发明专利的人。他拥有超过2000项发明专利，但是在他死后的百年以来，许多人一直怀疑爱迪生的专利，认为他只是把别人的想法偷过来而已。因为他在发家致富之后，掌控了几家很庞大的实验室，实验室有无数优秀的研究专家在为爱迪生工作，但是所有科研成果都是爱迪生的专利。

如果这是真的，那么爱迪生就是个不诚信的人。

### 3. 接受你所经历的一切

诚信，还和你过去的资历有关。你的过去有什么成绩，要非常诚实，用不着夸张炫耀。你不用想方设法，让别人觉得你的成就很高，你的经验很丰富。你如果把自己的经验、能力弄得很夸张的话，总有一天它会找你麻烦的。你年轻的时候，大家不会检查你在过去做过什么，也不会打电话到你毕业的大学去问，更不会去检查你履历表上面写的内容是不是真的。但如果有一天你成为领导，大家都开始挖疮疤，尤其是媒体。被查出你弄虚作假的话，你的诚信就再也找不回来了。大家知道原来你只是在吹牛，这是非常丢脸的。

我的祖父母笃信一句话，并把这句话刻在墙上："生命就像一场刚落下的雪,凡走过必留下痕迹。"换句话说,在你的人生里,不管你做过什么事情,它都会一辈子跟着你。这就像树的年轮一样,人们光看年轮就知道树的树龄是多少。我们过去所做的一切就造就了今天的我们,所以尽量不让自己的人生有污点,否则你一辈子都无法摆脱。

在中国,就曾出现过类似的事件,这就是众所周知的唐骏"学位门"。

唐骏是中国非常有名的职业经理人,被称为"打工皇帝"。2004年唐骏以微软中国终身荣誉总裁身份从微软退休,并以260多万股股票期权出任盛大集团总裁。2008年唐骏以身价10亿元跳槽至新华都集团。

但是,在2010年,唐骏被卷入假学历事件。中国有名的打假人士方舟子指证唐骏学历造假,质疑他在美国加州理工学院取得的计算机科学博士学位,声称他查过不仅"加州理工学院计算机系校友名单中没有此人",而且"美国大学博士论文数据库中找不到此人的论文"。双方一度展开口水大战。唐骏的"学历门"事件不仅在中国国内掀起轩然大波,甚至受到国际媒体的关注。

唐骏曾经对学历造假事件进行辩解。2010年7月14日,唐骏回应说:"你不真诚就很难成功。有的人说我们这个世界上很多人靠花言巧语。你可以蒙一个人,如果把全世界都蒙了,就是你的真诚蒙到了别人。你欺骗一个人没问题,如果所有人都被你欺骗到了,就是一种能力,就是成功的标志。"但是,在方舟子持续举出大量有力实证后,唐骏终于在2012年正式承认错误,为"学历门"道歉,并告诫年轻人"好好学习"。

## 06　时时刻刻讲诚信

我始终坚信诚信是自尊和内在价值里非常重要的部分。我不敢在诚信方面有任何松懈，因为我不想在我功成名就的时候，受到诚信的质疑。

> 我从海军退伍后，就想卖东西。后来我就找到了一家名叫安派克的录影机公司，我的工作就是销售有史以来第一批录影机。当时录影机很少，非常抢手。我和我的朋友已经向其中一家公司承诺，我们的录影机一定会卖给它。但是这个公司的竞争对手发现了，那家公司的两个人就把我和我的同事邀请到酒店里去，请求我们把第一批录影机卖给他们，如果我们答应的话，他们就会让我们非常满意。旁边的房间里就有两位辣妹，我们可以和她们共度春宵。但我说："不行，我有老婆孩子了，很抱歉，我没法接受。"我的朋友却说："谁会知道啊？我们离家这么远，咱们就答应吧。"
>
> 我后来就跟他说："我告诉你如果真这么干的话，你的老婆早晚会知道的，你怎么知道这家公司没在房间里面偷装摄像机啊？说不定你和这个美女在一起的时候，他们还帮你照相呢。第二天他们也许会把相片给你看，要你给他们更多东西，不然就把相片寄给你老婆。"他突然意识到这样不行，我说："我担心的是我的荣耀，你担心的是你的老婆，当然我也很担心房间里面有摄像机啊。"

诚信背后可能有不同的原因，但是只要我坚持做诚实的事情，我就觉得比较自在。我那个朋友也承认，如果他不诚实的话，会有罪恶感。这两种心态都是对自尊心有重大影响的元素。

# 07

## 点燃成功的欲望

To help you Outsmart, Outperform and Outlast Your Competition, while Balancing Your Professional and Personal Priorities

How to Succeed in a Volatile Global Marketplace

## 成功的动机

### 1. 什么是动机

正面的自我激励是推动人们追求目标的内在动力,各领域的成功人士在这场生命比赛中,都受到了渴望的驱使。虽然中国哲学家已经在几个世纪以前,就提倡教导的观念,但励志演说家南丁格尔(Earl Nightingale)却提醒我们:"思维造就个性。"换句话说,我们、我们的子女和团队每天都会被自己目前主宰的想法所激励,我们会朝着心里所想的那个方向前进。

所谓动机,就是我们心中正在贯彻的想法。人的个性是由自己的想法造就的,这是非常奇怪的心理学概念。大脑能够非常专注地思考,就像一台电脑一样,你把一个想法输入大脑以后,它就会反复地思量,像粉红色的大象、红色的法拉利、减肥、不要迟到……你只要反复地思考这些想法的话，这些想法就会带着你达成目标。但如果你想的是否定的，如"你不想迟到"，其实大脑里反应的还是"迟到"。也就是说，你不能专注在一个否定的想法上面。你不要想"我不要迟到，不要生气"，如果你用否定的方法去想的话，大脑反应的重点会放在后面的两个字。所以，你要孩子别哭是没有用的，孩子听到的是"哭"，反而提醒他要哭。

每个人都会朝自己最主要的想法迈进。我以前培训过奥运选手，如果某个跳高选手上场比赛前，心里想着："哎呀，太高了，希望我不会撞到它，我可能会跌倒，跌倒就没有奖牌，我会努力不撞到它。"但结果往往是撞到横杆。我曾看到美国的一个花样滑冰选手，本来有机会拿金牌，但是前一次上场的时候他跌倒了。他的教练很严厉，在他这次上场前，那个严厉的教练对他说："不管你待会怎么溜，千万不要跌倒，我要你全力以赴，不要跌倒，如果你跌倒了，就会输给别人，不要跌倒！"结果他还是跌倒了，这是意料之中的，因为教练的每句话说的都是不让他跌倒，而他脑子里想的都是"跌倒"二字。有经验的教练应该说："你已经准备好了，放松，你准备得很充分，就和平常练习一样就好了，好好享受上场的那一刻，好好发挥，专注于音乐，你就看不见那些观众了。我以你为荣，上场吧！"正面的暗示才能让选手放松下来，这一点很重要。

> 我最小的儿子，在他还小的时候，每天晚上都会尿床。当他尿床了，我一边把湿床单、湿衣服放在烘干机里烘干，一边对他说："你长大了，应该不会尿床的啊，你能想象伟大的领袖们会尿床吗？"我虽然强调的是"不要尿床"，其实一直在提醒他的是尿床，

所以他就成为自动的尿床专家，就像花园的水管一样，一直洒水。尽管我用了令他恐惧和惩罚的方法，但一直没用，其实我是在一直提醒他尿床。

那时候我还很年轻，算不上一个好父亲。我就想，是不是换个方法比较好。有一天我坐在他的床边，对他说："我不是好爸爸，真的很对不起，我不该批评你，我真的很爱你。我要带你去钓鱼，这是我们父子俩第一次去钓鱼。""可以吗？就算我尿……"我连忙打断他说："不要讲那个词。明天早上6点钟，我们就起床，我会走进你的房间，午餐我会准备好，到时候床肯定是干的，你可以立马穿上你的牛仔裤。我们两个一起去钓鱼，好好地玩一天。"这是我前一天晚上在他上床以前对他说的，他的大脑里想的是"明天可以和爸爸去钓鱼，原来我是个乖孩子，我起床的时候床单会是干的，立马可以穿上牛仔裤，可以玩得很高兴"，带着这样的想法就去睡觉了。从此以后他不尿床了，因为他受到欲望的驱使，而不是恐惧。

## 2. 动机的两种类型

我自己因为常常犯错，所以我就很想研究什么是动机、动力，现在我比较懂了。动机有两种类型，有内在的，也有外在的。哈佛大学曾经就那些绩效非常高的员工做过研究，结果显示：每个人都有六个力量来源，分别属于内在和外在。

- **内在动机——以内在价值与卓越为基础**

内在动机分为两种,第一个是追求卓越的欲望;第二个是独立行动获得成功以后的成就感,即不用别人监督,发号施令,我们自己就可以成功。

追求卓越。

追求卓越是因为人们都有自我实现的愿望。在马斯洛的需求层次理论模型中,自我实现的需求是最高层次的需求。满足自我实现的需求,即完成与自己能力相称的工作,最大限度地发挥自己的潜在能力。有自我实现需求的人,能够竭尽所能,使自己趋于完美。自我实现意味着充分地、活跃地、忘我地、全神贯注地体验生活。每个人都有自我实现需求,这种需求不断地催动着我们精益求精,最终走向卓越。

独立行动获得成功以后的成就感。

当一个人在工作时不用受其他人驱使,而是靠他自己的愿望去完成,那么他不但能以更快的速度完成,而且更享受工作。当他完成任务时,成就感也就更加强烈。有很多人可以不为名不为利,只为追求成就感而全力投入。但是当这一切都在他人的监督之下,其结果就会大打折扣。公司里,如果有员工不用领导的监督,那么他在别人眼里更有地位。

- **外在动机——以外在和物质报酬为基础**

外在动机有四种,我们大都体会过,有心的人体会得更深刻。

物质的取得。

人们对物质的欲望是很正常的,尤其是对金钱的欲望。有了钱,我们才能保证基本的生存;有了钱,我们才能过上幸福的生活。所以我们都希望有更多的收入，可以买新的房子、新的车子和更多的好东西，这是一种很强的动力。人们的各种需求，往往通过赚更多的钱才能实现。

地位。

中国的孩子从小就被教育，你要好好学习，将来长大了，才能光宗耀祖，显耀门楣，这是人们对地位的追求。每个人都希望自己身份显赫，尤其是在朋友间的地位高，受人尊敬，这样就会有成就感。

所谓的专家型荣誉。

大家都希望自己是某方面的专家，希望自己知识丰富，智慧超群。若是在某个方面成为专家，就具有一定的权威性。这样的话，大家就会崇拜他，有需要的时候就会求教于他。

竞争。

希望在自己的专业里面是最好的，但凡有业绩比赛，都要赢。我们有各种各样的比赛，大家都争先恐后，希望能取得胜利。在一个公司里面，特别是在一个小团队里，虽然大家的薪酬一样，但是一个人总想比另一个人有更好的表现，这就是竞争的欲望在作怪。再比如，我们下棋的时候，虽然赢了没有任何的奖励，但是每个人都绞尽脑汁地去赢得胜利。

我们每个人都有这些欲望，想要拿到好的业绩，想要有超然的地位，所以我们才会尽全力奋斗。大多数人在职场上都是受到外在动机的驱使，但是最有持续效应的是内在动力。你有钱了、有地位了、有名气了以后，你就觉得没有竞争的感觉了。到时候你要以什么为动力？所以爱学习的人，其学习的成效大于那些只想上大学的人。我们长期的研究结果发现，人最大的动力来源，其实是自己的欲望，而不一定是钱，或者是地位。金钱不会引发内在动机,就像车子的燃油一样,只有动力和欲望,才能让你尽最大的努力驶向目的地。

像我现在根本不在乎钱,有钱当然可以给车加油,但重点是你走的那条路。我不希望有更高的地位,我也不一定要大家崇拜我,我更不想和其他同行竞争,我只想要不断地学习,不断地领导他人,不断地去传承智慧,我希望自己能够不依赖别人,什么事情都可以自己做。

每个人都要受到内在的、外在的驱动力,我并不是说金钱、地位等物质生活不重要,但最强的驱动力永远来自卓越,全力以赴,而且受到重视。研究表明,以专注、卓越和渴望拥有,并能制定生命决策自主权为基础的内在动机,是最持久而且最强烈的动机。

## 善用欲望的力量

### 1. 恐怖与欲望都能转化动力

你的动力是由情绪带动着,重要的情绪有两种,一个是恐惧,另一个是渴望。你恐惧失败,害怕失败后要承担的后果,或者是你想要成功,想要获得成功之后的某种奖励。这两种情绪都能够支配我们的行为。

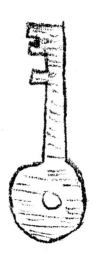

> 小时候，我家附近有个农夫，种了一大片西瓜。我最喜欢去偷他的西瓜了，每次偷上一两个，因为他的西瓜非常甜。那个农夫很聪明，在瓜田的旁边加上围栏，而且还找一头很凶的大野牛帮他看西瓜。这头野牛不喜欢年轻的小孩子，而且它跑得特别快。农夫还在围栏旁边立了一块牌子，上面写着：如果你要偷我的西瓜，你最好能够在10秒钟内跑100米，野牛只需要9.9秒。
>
> 所以，那时我的渴望不是要偷到西瓜，而是怎么逃离这头野牛。恐惧战胜了欲望，因为恐惧，我跑得可快了，小男孩的世界短跑纪录大概就是我创下来的。

40年来，我在讲课时最常用的一个道具就是柱子。我以前经常会带一根柱子到课堂上去，把这根大柱子放在教室的地板上，并在柱子的另一头放上10块钱，然后叫一个学员上来，并告诉他，只要他从这根柱子上走过去，就可以拿到那10块钱。这笔钱很容易得到，很多人都愿意试试。那便是欲望的驱使。接下来我增加难度，要求学员用一只脚跳过去，奖金变成100块，人们还是愿意尝试。再接下来，把学员的眼睛蒙起来，再把奖金提高到500块钱，还是没问题。最后，我把这根柱子架在两座24层的高楼之间，假设我有办法用黑布把旁边的景象盖起来，给人的感觉好像柱子还是放在地上一样。我们坐电梯到屋顶上去，再把1000块钱放在柱子的另一头，让学员从柱子上走过去。结果学员们说："我现在不需要钱了。""赶快，"我催促着，"一只脚过去就行了。"学员们问："黑布下面是什么？"我说："下面什么都没有啊。""24层楼高，你告诉我什么都没有?"我说:"已经盖上去了,你看不见任何东西,不要害怕。很简单,走过去就好了,你不要往下看,你一看就会害怕。"

其实走钢丝的人都是这么走的,下面没有安全网,走钢丝的人拿着一根非常长的竹竿,脚上穿着特别长的鞋子。他们眼睛看的永远是目的地,绝对不往下看,一看就会跌下去,因为那也可能是他们的"目标",怕什么就会来什么。走钢丝的人,一只脚先往前,看着目标,再迈另一只脚,这样才能顺利走过去。

几年以后,我的做法更极端了。我对学员说:"我要到对面的顶楼去,带着你10岁的孩子过去,我会把他带到楼的边缘,如果你不能在10秒钟之内从柱子上走过来的话,我就把你的孩子推下去。"如果这事是真的,那个学员肯定能走过来,毫不思索地,根本不会恐惧。

我相信奖励的重要性,也相信惩罚的重要性,成功了要奖励,失败了要惩罚,两种都是很重要的动力。在我们生活的世界里,充满着各种各样的危险,如交通事故、自然灾害、犯罪行为等。碰到危险的事情,我们肯定会感到恐惧,比如当我们冲到快车道的时候,肯定害怕自己会被飞驰的汽车撞到。当我们遇到失火的状况,也会怕被烧死而拼命逃离现场。甚至有很多人害怕妖魔鬼怪,尽管没人看到过它们。相对于成年人来说,孩子们害怕的事物更多,所以他们更需要我们大人的呵护。

惩罚的目的是给人带来恐惧,这种恐惧必须是你不愿意体验的,否则就不算惩罚。批评是我们最常见的惩罚方式,因为没人愿意挨批评。适度的批评可以帮助人成长,但批评要对事不对人,领导对员工,家长对孩子,都应该如此。批评的目的是,告诉他们什么地方要改进,下一次在什么地方可以做得更好，为什么他们没有办法步步高升，你对他们有什么期望。对事不对人，才能给他们改善的空间和时间。

你批评完员工之后，一定要想办法让他们满意地离开你的办公室，而不是难过地离开。要告诉他们，你对他们的正面期望，因为你让他们愿意做事的动机不是恐惧，所以你最后留给他们的一定是欲望而不能是恐惧。恐惧的意思是，你要把头放低，不然子弹飞过来就会打到你。而欲望的意思是，不管有没有子弹，我都想低下头。欲望会让你觉得自己能够做得到，恐惧会让你觉得自己做不到。

## 2. 用欲望代替恐惧

恐惧和欲望是世界上最强烈的两个情绪。恐惧就是说，我是被迫去做的，不去做的话就会有惨事发生，失败带来的惩罚会驱动着你，问题就在于你越怕什么，它就越会来。如果你想的是惩罚的话，其实是往后看，是在找麻烦，你在寻求不想得到的东西。欲望会让你觉得"我可以，我想要实现目标，我希望得到某种结果，下次我就一定可以做好"。人们往往像激光一样全心全意地专注于他们想要的结果上。

40年来的经历告诉我，每次最后胜利的都是欲望，因为恐惧就是大铁锤，就是红灯，让你不敢前进。这是为什么我们的做法要倾向于欲望型，要专注于目标和梦想。

每一个业务员都要找到这样的驱动力，你不要害怕受排斥，你要想的是成功以后会有什么报酬，这样才能以正确的方式面对你的恐惧。你把自己想象成一个高级餐厅的服务员，你对来光顾的客人说："我们这边有非常好吃的甜点，大家都喜欢吃，我相信你也一定会喜欢吃。"客人说："对不起，我不想吃你的甜点，我已经吃饱了，而且我不喜欢吃甜的，谢谢。"你会觉得受排斥吗？你会觉得这样你就不成功了吗？这就是个甜点而已，客人想要告诉你的是，我现在还不想吃，我现在还不饿，但下一次我可能会吃。你不可能因为一个客人不想吃，就没勇气问其他客人是否吃甜点。因为你明白，他们排斥的只不过是甜点，而不是你。

美国的一项研究指出，通常一个业务员在向一个潜在客户推销新产品的时候，他要打到第5个电话，潜在客户才会买，也就是说，业务员在被排斥4次之后才会拿到订单。48%的业务人员，只打一个电话被排斥，就选择了放弃；25%的业务人员，打过两次电话被排斥之后就放弃了；12%的业务员，打过3次电话被排斥之后就放弃了。而有10%的高级业务员，会长期不断地去找同一位客户，直到最后拿到这个订单，而且他们一定是这样世界上收入所得最高的人群之一。他们就是那些可以面对排斥的人，不要去想失败会有什么惩罚，应该想的是成功会有什么报酬。

所以，我告诉运动员、宇航员、业务人员一定要长期坚持专注在自己的目标上面。长期重复一个动作，这个动作就能变成习惯，这说明人们的心智就是一个软件，大脑就像一个导航系统，它每天都会帮助你专注在你最主要的想法上面。我们可以通过练习，把欲望当成驱动力而不是恐惧。

我曾经跟许多奥运选手、宇航员接触过，我可以告诉你，宇航员们在升空之前绝对不会说："我希望我不会死，我希望我能活着从月球回来，我好害怕。"而是会说："就和演习一模一样，完全按计划进行。"对于奥运选手来说，胜败都只是习惯的结果，是一种反射动作，观察、模仿、反复演练……你觉得奥运选手上场了会想"我希望我不会跌倒，希望我的腿不会抽筋"吗？他们不会想这些，优秀的奥运选手都会很放松，把比赛的整个过程像过电影一样在脑子里过一遍，然后自然地做出动作就好了，就像条件反射一样。放松才能把实力发挥出来。

每个人都有恐惧，但到了我这个年纪恐惧就会越来越少了。我唯一的恐惧，就是怕早上醒不过来，只要能够醒过来，就感到很高兴，新的一天又可以开始了。

小时候我偷西瓜时之所以跑得很快，是因为后面有头野牛在追我，我怕的是锐利的牛角。所以我跑得快，是被迫跑得快，但是我希望主动快跑，自己给自己动力，可以像飞向天空的火箭一样，因为我想飞。"我能做到"比"我必须做到"要好很多吧。当然通过现在高科技手段可以改变我们的性别、甚至身高，但有些事情是我们没有办法选择并改变的，比如我们的父母、年龄、子女……

而且我现在的状况是基于过去的经历，过去也是我没有办法改变的，但我可以用不同的方法去看待它，我可以从我的错误里面学习，从我的痛苦里学习，从我的失败里学习。我可以看着过去那些美好的记忆，事情艰难的时候就把这些美好的回忆当成动力来给自己打气。我不顺利的时候常去回忆我的外祖母，还去回忆那些非常有趣、好玩的事情。紧紧地抓住那些对我而言快乐的记忆，也从那些不愉快的记忆里面学习，而且我学会只改变我可以改变的，我的下一个想法，下一个行动，那是我可以去控制的。

欲望是我知道的最好的方法之一,所以我专注的都是我想要的东西而不是我不想要的东西。

你要想办法把负面变成正面的,要先找出那些你必须去做,但你不一定喜欢做的事情,或许这就是你的恐惧所在。与其想如果这件事你不去做的话会有什么样的惩罚,不如想想如果你去做了会有什么回报。比如,你不想早起,但是你必须去上班,如果你不早起的话,就会迟到,被公司扣钱。要是你早起了,交通会很通畅,你会早早地到达公司,还有时间美美地吃上一顿早餐。所以你要想办法把你必须做的事情换个方法讲,让它听起来是你想做的事情。

以我自己为例,我很喜欢吃饼干,是"饼干魔鬼",所以我必须减肥。因为肥胖会使人产生很多疾病,再者像我这种职业,肥胖的形象给人的感觉并不好。所以,我觉得好的方面就是,如果减肥成功的话,可以减少很多疾病,形象也会好一些,要做的事情就是每天多跑跑步,多去健身,合理地调整自己的饮食习惯。负面的想法是,我太肥的话,就没人喜欢我,不但形象不好,我的健康状况也会下降。我要把重点转移到想要健康的正面想法上,这样我就可以用这个欲望驱动自己。如果我提醒自己不要太胖,那我的注意力岂不是在我又胖又肥上吗?那干脆去吃饼干好了。只专注在正面的想法上,不要用否定的想法去思考,这样才有效。

我们的心智是非常有力量的,你的恐惧也可以成为最主要的目标,甚至要你的命,这就是为什么我要你们专注在你们想要的东西上面,而不是你们害怕的东西上。在企业里面,身为领导者,你还要帮助下面的人,找到克服恐惧的方法。你要告诉员工什么叫先苦后甜,怎么去设定目标,要

## 07 点燃成功的欲望

让员工知道,目标是一个欲望,而不是恐惧。员工不会觉得自己被迫要有好的表现,而是他们希望自己有好的表现。

比如,通常领导在企业里面召集大家开会的时候,重点都放在我们哪儿做错了,万一做错了会有什么惩罚。业绩达不到,利润就会下降,组织赚不到钱,大家可能就没工作了。没错,这种事情可能会发生,但是你这么讲不一定会让员工有动力,你要专注在奖励上,比如员工的业绩提高了,会得到什么样的回报。你若是能够教导员工找回自己的自主权,释放出他们所有的潜力,你就会变成应变大师,有什么改变都不会害怕。

# 08

## 不要让习惯控制你

## 形成好习惯

　　形成习惯需要自律。很多人都把自律定义成牺牲享乐与外在的自制，以为自律就是牺牲，但是较确切的定义是：经过内心长期演练后，落实于外部行动的表现。自律其实就是心智训练，随时谨记并奉行这些储存在潜意识中的思维、情绪以及日常行为。接着，通过不断反复演练，这些新的想法便会建立起新的自我形象。可以说，自律就是形成习惯。

　　自律是一个胜利者成为一个应变大师的必备条件。中国人在自律方面是非常强的，如著名的中国功夫，就需要很强的自制力才可以练成。我曾去过嵩山少林寺，见过那里的武僧修行武功的场面，非常震撼。

　　我们的行为主要来自养成的习惯，什么是习惯？

> 　　你可能知道我，我是你形影不离的伙伴，我是你最亲密的助手，我是你最沉重的负担。我会推着你向前，也可以让你向下沉沦、失

> 败。我听令于你，你所做的工作，有一半可能会由我帮忙承担。我可以更快把工作做完，我可以精准无误地重复——如果这是你要的结果。我很好管理，你只需要全然信赖我，让我确实知道你希望事情该怎么做，经过几次教训之后，我会自动把它做好。我是所有伟大男性和女性的仆人，当然，也是所有失败者的主人。我成就了伟大的成功者，但也造就了所有的失败者。我具备人类般的智能，并且能如计算机般准确运作，智能仿佛人类一样。你可以为了获利行使我所具备的能力，也可以利用我来自我毁灭。对我来说，这两者之间并没有什么差别。利用我吧！纵容我，我就摧毁你。你如果严格地对待我的话，我可以给你全世界。我是谁？还用问吗？我是习惯！

人生要成功，最主要的力量就是你的习惯。查·艾霍尔曾说过："有什么样的思想，就有什么样的行为；有什么样的行为，就有什么样的习惯；有什么样的习惯，就有什么样的性格；有什么样的性格，就有什么样的命运。"中国的孔子也说过："少年若天性，习惯如自然。"

人类通过观察、模仿与重复的方式学习，我们会观察我们视为榜样者的言行举止，模仿他们的行为，然后重复这些行为，直到这些行为内化至我们的身心，就像骑自行车或开车一样自然。你最开始学骑自行车的时候，会小心翼翼地掌握平衡，不然你会摔倒。但是一旦你学会了，再骑自行车的时候，你就不用想了，直接骑上就走。即便很长时间没骑，也不用再学习。骑车就成了你一生的技能，成了条件反射。

我们一天所做的事情里面，有90%来自习惯，这是为什么你必须养成观察、模仿、内化的好习惯。

## 1. 观察

观察，从字面上讲，就是仔细察看事物的现象、动向。观察和简单地看是不一样的，因为观察是一种有目的、有计划、比较持久的知觉活动，是一种运用外部感觉器官直接感知客观事物的表面现象和外部形态的活动。

观察在科研活动以及在人类的发展史上都有重要的意义，因为很多著名的科学家都非常重视观察。比如，世界著名的生理学家巴甫洛夫，在自己研究院门口的石碑上刻下了"观察、观察、再观察"的名句，以此来强调观察对于研究工作的重要性。另外，英国生物学家、进化论的奠基人达尔文也曾经说过："我没有突出的理解力，也没有过人的机智，只是在察觉那些稍纵即逝的事物并对他们进行精细观察的能力上，我可能是中上之人。"可见，观察是十分重要的。

当然，真正的观察，是要和思考相伴随的，不然就是简单地看。人们应该经常细心留意身边的事物，养成爱观察、爱思考的习惯，会有助于你积累更多的经验，更好地认识世界。

因此，观察有两个显著的特点：其一，它是一种感性的认识活动，可以使人们保持和外部世界的直接联系，获得关于外部世界的经验认知。其二，有目的性和计划性。因为观察并不是一种凭借人的感官而在自然界中进行盲目搜索的活动。

## 2. 模仿

模仿，是没有外在压力条件下，个体自觉或不自觉地重复他人的行为，从而使自己的行为与他人相同的现象。

模仿是学习的基础，也是社会学习的重要形式之一。尤其对于儿童，他们的动作、语言、技能以及行为习惯、品质等的形成和发展都离不开模仿。据说有很多动物，也可以通过观察和仿效其他个体的行为而改进自身技能和学会新技能。如鹦鹉、乌鸦等鸟类都能通过模仿学会其他鸟类的叫声和人语。有人曾观察过一个猕猴群，发现有一只年轻的母猴首先学会了用水洗掉土豆表面的沙子，其他个体很快就都学会了这种方法，同一只母猴还学会了把掺沙子的麦粒投入水中，以便把沙子和麦粒分离开来，后来整个种群也都学会了这种取食技能。

模仿可以分为有意模仿与无意模仿两大类。有意模仿是模仿者有目的的主动模仿；无意模仿并非绝对的无意识，只是意识程度相对比较低。

现在非常流行的模仿秀，就是有意模仿的典型形式。很多普通人去模仿他们喜欢的明星，居然模仿得惟妙惟肖，甚至以假乱真。卓别林、猫王等都是人们热衷模仿的经典形象。据说卓别林曾经参加过自己的模仿秀，但只获得了第三名。

### 3. 重复

重复，即反复地演练。如果我们想学会一个动作，经过反复的练习，才会记忆深刻，最终将其内化成我们的本能反应。

内化，具体地说，就是人作为能动的主体，在不断地与客观世界的相互作用过程中，积累了一定的知识经验和能力，并在头脑中以观念的方式形成一个相对稳定的认知结构。

而这里的内化，就是指一个动作经过反复的练习，形成习惯，并最终成为我们的本能反应。比如，我们小时候学会的诗歌、公式等，由于重复背诵的次数太多，以至于多年以后，我们仍能脱口而出。

观察和模仿可以让我们学习好的东西，当然了，也会让我们染上不良习惯。所以，你的榜样选择是很重要的，你看什么样的电视节目，听什么样的音乐，读什么样的书，交什么样的朋友，遇到什么样的领导，都会对你产生影响。因为你可以观察他们，模仿他们，经过反复的演练，大概过六个月到一年的时间，就可以变成永远的习惯了。

人的大脑就是这么厉害，它可以自己在内部建立神经网络，让你有办法每天反复做同样的事情。自律，还可以让你在什么都没有的状况之下凭空去想象，你去观察别人，然后在脑子里想象，这可以帮你省下不少实践的时间，省下不少犯错的时间。这就是为什么你要有教练，要有帮你促成习惯的人；要有老师，还有领导，这样我们就不用自己去犯错了，向他们学习就好。

我们培训奥运选手有一种特殊的方式。当选手学习一个新动作时，如果让他们一开始就去实地练习,他们可能会跌倒,爬起来,还是会跌倒……尤其是一些冰上项目,没有什么保护措施,摔倒之后会非常疼,慢慢地,就会在选手脑海中形成保护意识,因为怕摔倒,而不敢放开,更有甚者,还有可能身受重伤。

所以,我们就告诉选手,最好的演练是在大脑里进行的。因为在想象的时候,你可以不用跌倒,而且可以去演练正确的动作,好像是表演之前的预演一样,没有任何压力。你想要练几次,就可以练几次,不必拘泥于场地,在任何地方都可以做到,比如在吃饭的时候,在乘车的时候。但我要提醒大家,开车的时候最好不要演练,开车的时候越专心越好,一心不能二用。

大脑没有办法分辨出什么是演练什么是现实,这就是为什么只要你脑海里去想象演练,最后都会变成真的。只要你反复演练的次数够多,最后你就会熟练地完成它。

一个奥运选手,基本上在完成本届奥运会的比赛时,就开始为下一届做准备。他们不仅在场上练,在场下也要凭空想象,假装自己就像参加奥运会一样,一假装就要假装四年。比如滑雪选手,经常闭上眼睛,慢慢想象,第一步该怎么滑,怎么翻过第一个坡,怎么进行空翻等,反复地想,直到这些动作内化成自己的本能。即使在比赛开始之前,他们也是如此,下去之前,他们在脑海里就已经开始往下滑了。

宇航员也是如此。在真正进入太空前,他们一直在模拟的环境中,体验在太空飞行的种种情况,也会用想象的方式,演练各种可能。

在脑海里练习,你就永远不用跌倒了,也不会错过任何的东西,不可能失败。

我还研究过第二次世界大战时的战俘,有一个战俘,曾被监禁在集中营里整整五年,他用木头去设计琴键,自己想象着弹钢琴,虽然没有任何声音,但没有关系,他在脑海里面不断强化,去想象自己练过的各种曲子。

还有一个美国的空军上校,很会打高尔夫球。在被关在战俘营的五年半时间里,他在脑海里不断地想象打高尔夫球的动作,而且想象着各种球场,既有他过去打过的球场,也有那些他在电视上看过的球场,想象着专业选手是怎么比赛的。在五年半的时间里,他每天都在脑海里打球,每次开球怎么打,第二杆怎么打,果岭铲球怎么做,怎么把旗子拿开,草地的坡度如何,怎么推杆……就像在自己的脑子里放电影一样,不用拿杆子也可以自己练习。

他被释放之后第一次打高尔夫球,我和他一起打,他一上场大家都鼓掌,那时他的身体很衰弱,眼睛也花了,牙齿都掉光了。但是,他只超过标准杆四杆,和他五年半以前打球的成绩一模一样。旁边的人说:"天呐,恭喜你啊,作为一个初学者,你打球的运气真好啊。"他说:"这可不是运气。在过去的五年半时间里,我上果岭以后进洞绝对不超过三杆。"其他人惊讶地问:"难道在战俘营里面还可以打高尔夫球啊?"他回答:"是的,只不过不是在真正的球场上,而是在我脑海里面。在我的想象里,我打球打得可好了。"

这就是凭空演练的巨大作用,你千万不能忽视他。

习惯可以给我们带来的另一个好处是,你还可以从前人身上学习。我很喜欢读历史方面的书,读那些伟大的男性和女性的传记,研究他们的人生，他们做了什么，他们怎么思考，他们每天有什么习惯，我研究他们，甚至模仿他们。所以模仿可以把好的信息拿出来让我形成习惯，我不是剽窃他们的信息，而是从他们的人生里面学习。

观察、模仿、重复，这其实就是自律的起点。为什么人会抽烟？就是因为看到别人抽，出于好奇去模仿，然后就是重复再重复，直到难以戒掉。

> 我爸爸以前常带我们去看电影。以前在电影院里，特别为抽烟的人安排了一个观众区，在那里，抽烟的人可以坐最好的位子，那是一张非常大的皮革椅子，沙发扶手上面还放了一个烟灰缸。爸爸带我们去的时候，直接说："我们应该坐到吸烟区，因为我抽烟。"我就问他："爸爸，你为什么抽烟？"他回答说："我也不想抽啊，不但对我的身体不好，对你的身体也不好，所以我不要你抽烟，你以后抽烟的话会早死。""你为什么要抽呢？"我爸说："我喜欢的电影明星都在抽啊，而且他们抽烟的样子都很帅。"我说："你看他们抽烟，你就抽烟，你抽了就觉得你会和他们一样帅？"他摇摇头说："怎么会？可是我想戒掉的时候却没有办法，我意志力不够强。"

很多抽烟的人都是因为看到别人抽烟，跟着模仿，进而形成烟瘾的。虽然大家都知道抽烟的危害，全球都在宣传"吸烟有害健康"，但是因为意志力不够，所以难以戒除。现在禁烟的力度越来越强，比如你在飞机上就不能抽烟，在美国，任何的餐厅都不允许抽烟，只要在建筑物里面你就不能抽烟，要抽烟一定到户外去，因为它不是一个好习惯。

俗话说，习惯成自然，有很多我们习以为常的事情，都是从某个习惯开始的。

> 一对年轻人结婚以后，第二天，新娘帮新郎准备晚餐，主菜是烤猪排。新娘拿出一大块火腿，先把火腿的两边切掉，再把剩下的部分放到烤箱里面。新郎看到很奇怪，因为切掉的部分也可以吃啊，完全没必要这样做，于是他问新娘："你为什么要这样啊？"新娘回答说："不知道啊，我妈妈就是这么烤的啊。"一周以后，这对新婚夫妇去拜访新娘的娘家，新郎就借此机会问他的丈母娘："你为什么把火腿的两头都切掉？"他的丈母娘说："因为我妈妈就是这么做的啊。"
>
> 于是新郎就去找新娘的外祖母去问，这位老太太很奇怪新郎为什么问这个问题，她不以为然地回答："因为我的烤箱太小了。"
>
> 就是因为这个原因，结果造成两代人都这么做。新娘的烤箱明明很大，还是会先把两头都切掉，再放进去烤，这已经变成家庭传统中的习惯了。

## 改掉坏习惯

其实，我们一辈子都不断地看别人怎么做事情，然后模仿。如果你要改习惯的话，要注意四大基石：

## 1. 你必须承认你的需求并改变自己

要想改变你不想要的习惯,你要先承认你有坏习惯,告诉自己:"我必须改变这个习惯,我有强烈的改变意愿。"除非你自己想改变,否则没有人能够改变你,你必须先接受自我改变的必要性,然后承担起自我改变的所有责任,告诉自己:"我可以改变自己,我要对自己的所有行为负责。"同时,你也必须了解,你无法改变任何人。当然你还是有办法影响别人,但你不可能改变他。你可以作为他人的精神导师,发挥你的影响力并给予启发,但对方终究需要自己负起改变自己的责任。就拿抽烟来说,如果你想戒烟,必须自己下定决心,否则别人怎么劝也没用。即使现在中国已经规定,在公共场合禁止吸烟,但还是有很多人无视这项规定,因为他们根本没有戒烟的意愿。

## 2. 习惯难以戒除,只能用新习惯慢慢取代旧习惯

其实,习惯是没有办法戒除的,正所谓积习难改,你没有办法使习惯就这么停下来,只能用新的习惯去取代它,其实我们一辈子都在不断地用一个习惯代替另一个习惯。

有时候戒烟真的非常困难,它难戒的原因不止是尼古丁的作用,而是你很难改掉你的习惯:把手放到口袋里面,把烟盒拿出来,拿出其中的一支香烟,把它放到嘴巴里面,拿出打火机来,把烟一点,抽一口……这一整套的动作都很难戒掉,你要让手去做新的动作。虽然尼古丁让你有抽烟

的欲望，但你还要改掉吸烟的所有动作。

我曾帮别人用各种新的动作去取代抽烟的全套程序，比如我会把一盒牙签放到他的口袋里面，而且每根牙签都在肉桂水里面泡过，肉桂的味道挺不错的，对人身体也有好处。当他想要抽烟的时候，就把手伸到口袋里，拿出一根牙签，放到嘴里，去吸留在牙签上的肉桂水，再把牙签放回口袋里面。这一整套动作和抽烟差不多，完全可以一步一步形成你的新习惯，用来取代旧的习惯。

你还可以把平时经常做的一些事情变成习惯，去取代任何坏习惯。但是你大概需要花六个月到一年的时间才会成为新的习惯。要有耐心并坚持下去，因为你现在的习惯也是花很多年的时间观察、模仿与重复才得以养成的。

就拿我来说，我有吃饼干的坏习惯，所以需要有人帮我的忙，把我桌上的饼干都收走，然后在上面放一些蔬菜。这样我想吃饼干的时候，却找不到任何饼干，原来放饼干的地方只有胡萝卜，于是我不得不啃胡萝卜，假装它是饼干。我大概啃了六个月到一年的时间才能把吃饼干的习惯戒掉，相信胡萝卜就是饼干。

## 3. 日常惯例会成为反射习惯

长期遵循的日常惯例会成为第二天性，就像骑自行车、刷牙或开车一样。我们想用新习惯取代旧习惯，不是一朝一夕的事，必须长期巩固，使其成为你的天性的一部分。否则，旧习惯会慢慢恢复，你的改变就会功败垂成。另外，记住你的新习惯一定是健康的、正确的，否则没有任何意义。在高尔夫练习场不断练习错误的挥杆动作，你终究还是一个拙劣玩家；向专家学习正确的挥杆姿势，你才能成为优秀选手。

## 4. 养成新习惯之后，必须远离旧的负面环境

一旦你改变习惯，请远离旧有的消极环境。

习惯当然有办法改变，但是如果你没法坚持，坏习惯又会慢慢回来。如果你把一个人关在牢里，也可以帮他改掉很多习惯，有的人做了一辈子坏事，把他关起来，几年后，他就可能接受改造，弃恶从善。但很遗憾的是，他一离开监狱，回到过去的环境里面，回到老朋友的身边去，又会故态复萌，最终很有可能再回到牢房里去。

这个例子可能比较极端，试想一下我们的日常生活。假设你想要减肥，决定从今天起开始做运动，过了一段时间后，你的身材变得非常好，看起来很健康。可是，不知不觉中，你的坏习惯又会回来，不想再去运动了，也控制不住日常饮食，看见好吃的东西就把持不住，于是一点一点地，你的肥肉又会长回来了。很多人都经历过这个过程，尤其是爱美的女孩子，总会为自己的体重烦恼，就是因为有些习惯改不掉。所以，想减肥的人就尽量远离那些让你垂涎欲滴的、高热量的美食吧。

就因为人心理上的习惯会去影响生理上的习惯，所以说，你对自己说什么，都会影响你的行为。你鼓励自己不要怕，你就会真的无所畏惧。如果你对自己讲负面的话，会把自己讲得越来越糟。你可以自己选择，到底

是讲正面的话还是讲负面的话。我们要练习把负面想法转化成正面想法。

前面已经讲过怎么把必须做的事情转化成想要做的事情，不要去想负面的惩罚、恐惧带来的可怕后果，而是要想欲望带来的正面结果。一旦形成把负面变成正面的习惯，你就会变得越来越阳光。

我自己平常在转化正面想法的时候，用了一个小技巧，设定闹钟，每一小时响一次，闹钟一响，我就马上注意当时的想法是正面的还是负面的，这非常有帮助，我可以知道我成天在想什么。要改变习惯的话，自我的觉察是非常重要的，要先觉察自己是不是有负面的想法，才能想办法去改变它。

同样，在企业里，领导在评估员工绩效的时候，有可能会对员工说"你常常迟到""不要迟到了"。但是总这么说，不会有多大改善。你不如跟员工坐下来讨论，他迟到的原因是什么，用什么正面的方式可以帮他来改掉这个坏习惯。如果今天整个团队能够相互督促去建立好的纪律的话，效果将非常显著，比一个人有纪律好多了。

# 09

## 把自主权还给员工

## 对员工常说五句话

懂得应变，就是让你先拿到自主权，然后再帮助你的员工找回自主权。这就要通过领导者授权来实现。所谓的领导就是，能够让你的员工，为了实现一个共同的理想，尽情发挥，共同奋斗，让他们自发地想去奋斗，而不是被迫非得奋斗不可。当然企业的目的是赢利，我们都想赚钱，但是我们要的绝对不止金钱而已，要让员工感受到自己有价值，受到别人的尊重，工作的重要性绝对超过金钱。所谓授权，其实不是把你自己的权力交给别人，而是你信任他，你让他去自主地做一些决定。所以，授权的重点在于重视、尊重员工。

培训师也好，企业领导者也好，都要像园丁一样，去栽培未来美丽的花朵。而做到这一切的起点，当然要从你怎么展现自己，向别人说明开始。你要学会使用自主的词语，常常对员工说五句话。

## 1. 我以你为荣

"我以你为荣",这句话你要常常对孩子说、对员工说、对团队的伙伴说,这是肯定对方的话语,会让他们感觉非常好,而且这比"你做得很好"更令人感动。

## 2. 你有什么看法

常常问"你有什么看法",时时征询别人的意见,既不会独断专行,又体现了对别人的重视,能够表达出"你把意见告诉我,我只想听你的看法",这会让别人感觉自己非常受重视。

> 我的孩子很小的时候,每当家里来了客人,我就会让他们表演给客人看。有一次,一群军官到我们家做客,我让孩子们排成一列,从最高排到最矮,向军官敬礼,还要唱美国海军陆战队的队歌。但是那时候,孩子们真的不喜欢表演给大家看,他们就对我说:"以后再有客人来的时候,我们可以换一些东西表演吗?"我希望教导孩子要掌握自主,当然同意了他们的请求。他们自己想做什么呢?表演玩偶剧。他们就用袜子做了很多的玩偶,表演玩偶剧时,玩得特别高兴,客人也特别高兴。我们的家庭环境是非常开放的,我希望他们能够自主,让他们去做自己喜欢做的事情。

企业里的领导者也应该做同样的事情,要能够了解员工到底喜欢做什么，他们有什么样的创意，可以让这个公司的系统或者是流程更加完善。所以我服务过的企业，现在都已经设立意见箱，而且都会表扬本月的"最佳点子"员工。企业领导也会问员工应该怎么办，怎么样才可以提高业绩。员工的点子不一定都可以贯彻执行，因为有时候成本会太高，但是企业领导愿意开口问，对员工而言就已经很重要了。

## 3. 如果你愿意的话……

"如果愿意的话……"这是一种礼貌性的说法，完全是请求的语气。当你对你的下属这么说的时候，就不是命令的口吻，你的下属将非常乐意听从你的安排。

## 4. 谢谢你

一个企业领导者心怀感恩，经常对下属表示感谢，下属就会以同样的心情回报领导，回报公司。

## 5. 你

最重要的词就是"你"，而不是我。凡事以对方为中心，才能赢得对方的好感。

沟通的时候，不止是使用话语，还包含使用肢体语言。你嘴上说给员工自主权,身体却发出相反的信号,这样根本不是真心授权,员工也不会感到有任何自主权。

所以我们不一定要靠讲话才可以把自主权交给员工,很多时候员工会抱怨:"高管连看都不看我们一眼,目光根本不和我们接触,好像我们不存在一样。"这就是企业领导者应该改善的地方,一些简单的肢体语言,如:点头表示你在倾听,或者表达我懂你的意思。

有时候沉默也是一个很好的沟通方式,会让对方觉得你感兴趣,因为你不会不断地打断他的话。有时候安静就表示你在意对方讲话的内容。

一个公司能取得现在的成绩,离不开所有员工的努力。尽管每位员工都有提高的空间,但并不是你教会他们后,就马上能提高。所以领导者要和员工共同进步,不断地激励他们,不断地启发他们。你需要给员工自主权,不只是口头授权而已,而是想办法让他们可以激发出自己最好的一面并完全发挥出来。

## 激发员工的力量

我喜欢喋喋不休,从两岁到现在,每天不断地讲话,不断地唱歌。有时候我真的会提醒自己,当我和别人在一起的时候,如果只是我讲的话,就没机会听别人讲话,没办法从别人身上学习有用的东西。所以,我也尝试着做出一些改变。

有一次，一对年轻夫妇到我家里做客，他们很年轻，也很杰出。他们觉得我很厉害，因为我写过很多书，很有智慧。但是我那天才从上海回到洛杉矶，身体非常疲惫，还有时差，没精力滔滔不绝地讲话。我就决定换种方式，不讲故事了，不讲笑话了，不谈他们应该怎么做，我只想让自己轻松些，整晚提问就好了，这样我可以少说很多话。一见面，我就问了他们一大串的问题："你们好啊！很高兴能认识你们，你们有孩子了吗？孩子几岁了？男孩还是女孩啊？你们有什么目标啊？你们喜欢做什么啊？你们俩现在是做什么的？"要是单独跟男的聊天，我就问："你在哪儿上班啊？工作很有趣吗？"要是单独跟女的聊天，我就问："你也上班吗？你怎么兼顾上班、教育孩子和照顾老公呢？"如此等等。

有了这一长串的问题，就轮到他们一直讲话了，这样我就轻松很多了。可是，等晚宴结束，他们离开后，我就开始担心了，我表现得太不好了，一点都不好玩，既没有激情，又没有魅力。我赶快跑到卧室的卫生间里去，把马桶盖放下，跳上去，耳朵贴到窗户上边，因为那对夫妇的车子正好就停在旁边。我很在意他们离开之前到底会说些什么，会不会对我表示不满。结果我听见他们说"丹尼斯真的是我见过最有趣的人了"。我很惊讶，他们为什么会说我有趣，我几乎什么也没说啊。

当我和孩子提起此事，孩子说："这就是为什么他们觉得你有趣，因为你让他们有机会讲话啊。以后你应该让我们多讲话，这样我们就会觉得你是一个有趣的老爸。"

这件事让我明白，交谈中，我要多提问题，让别人可以发挥。但要做到这一点很不容易，特别是上级把主动权交给下级的时候。虽然你是上级，但是你要尊重你的下属，这样一来，"上"会变成"下"，"下"会变成"上"。

这是我从世界上最成功的广告公司的老板身上学到的道理。以前他在招聘新的经理时，会给新的经理一个俄罗斯套娃，并告诉那位经理说："如果你以后聘用的人比你能力差，而不和你一样好的话，那我们的公司就是由'小人'组成的。如果你以后聘用的人比你还强，那我们的公司就是由巨人组成的。"

所以，身为一个领导者，你必须能唤醒员工心中的"巨人"，通过你的领导力去启发他们，激发出员工的力量。要做到这一点，领导者就不能只坐在办公室里面发号施令，希望大家能够自觉守规矩。领导者必须采取"走动式"的管理，在公司里到处走走，听听大家的声音。

如何激发员工的力量呢？

## 1. 记录员工的成绩

你要去记录团队成员有什么成绩，让他们知道你在关心他们。你的员工最开心的事，莫过于他们取得的每一点成绩，领导者都看在眼里。这样他们做起事来才会有动力，因为他们知道付出的努力不会白费。如果他们做出的成绩你完全不清楚，那么他们做起来还有什么意义呢？反正没人看得见，他们只需要做公司规定他们做的那些就可以了。

## 2. 协助员工渡过逆境

了解他们工作的进展,当事情不顺利的时候,要帮助他们把失败看成成功必需的肥料。在日常工作中,员工难免会遭遇挫折,尤其是像销售这种性质的工作,碰壁是家常便饭。当他们碰到困难时,如果没有人鼓励他们,他们必然会垂头丧气,对工作失去信心。作为领导者,你必须成为员工的精神支柱,鼓励他们,帮助他们从失败中吸取教训,教会他们解决困难的方法。只有这样,你的团队才会保持旺盛的士气。

## 3. 发挥员工的优势

帮助员工去发掘并且发挥自己的特长。有些员工并不能正视自己的能力,甚至不知道自己有什么优势。你要帮助员工去发现他们的优势,并使其最大限度地发挥。你还可以通过人员的配备和组合,使他们发挥 1+1>2 作用。

## 4. 成为团队工作的典范

以身作则,自己要早到晚退,带头遵守公司的纪律,这样员工就不会害怕我们了,而是希望能够效仿我们。如果身为领导者,自己却享有特权,就会拉开与员工的距离,产生隔阂,这样不利于团队合力的发挥。

## 5. 展现主动聆听的意愿

要通过问题去主动地聆听，你问的问题不能只是封闭式问题，因为只让员工回答"是"或"不是"并不能了解他们的真实想法，要让他们讲话，表达具体的意见。比如，你问："对于下个月的工作计划，你们是否同意？"员工只能回答同意，即使他有不同的看法，迫于你的压力，他也不会说出来，因为你都已经决定好了。如果你真想询问他们的意见，可以这么问："对于下个月的工作计划，你们有什么好的建议？"这样才能促使员工发表自己的意见。

## 6. 说明你的期望

要清楚地让员工知道你对他们的期望，但是请记住，有些人自我的期望是非常低的，他们看不起自己，你要让他们知道你看得起他们，你对他们的期望比他们自己对自己的还要高。

## 7. 对绩效提出建设性的批评

我对子女们的期望比他们对自己的期望还要高。我会告诉他们，我平常都会看着他们，要他们知道其实他们还有更多的潜力可以挖掘，比如在学业方面的表现可以更好，他们拥有哪些天赋。因为我天天看着他们长大，当然清楚他们的长处。我一定会帮助他们去发挥潜力，如果我看到他们没有办法尽情发挥的话,我会很难过。

人都是这样的,你对他的期望越高,他就表现得越好,但前提是你必须是他人生中最重要的榜样。如果没有我外祖母的话,我不可能取得现在的成就。当然不是因为她只是我的外祖母而已,而是她还教给了我"种瓜得瓜,种豆得豆"的道理。她告诉我,不一定要和我的父亲一样,我有一天会有出息。而且外祖母也要求我剪草要剪得整齐,当我剪得不整齐的时候,她就会示范给我看,什么叫整齐。我做得好的话,她就给我饼干吃,不过现在我剪草不管剪得平还是不平,都去吃饼干。

请记住,期望就等同于动力,你会想办法拿出动力去符合自己的期望。

### 8. 对具体的成就给予赞美

要及时地给予员工赞美,而且一定要是真诚的赞美,你可以说:"我觉得你做得好,因为我观察到……"但是千万不要说"你好聪明啊",你可以换一个方法说:"我觉得你很聪明,是因为你刚才问的这个问题,让我觉得你非常有见地。" 你必须对他们所做的具体事项给予表扬,随便说一句"你做得很好""你很努力",员工就会觉得太空泛而提不起劲。

奖励分有形的和无形的,有形的奖励效果很有限,如发钱发物等,而无形的奖励效果是无限的。具体的奖励方式有:

发放各种证书;

对员工的家庭成员的肯定,比如对员工的家长说,你有一个好孩子,你的孩子为公司做了很大的贡献,让他的家庭也感受到荣耀;

为员工提供培训以及升迁的机会；

发年终奖的时候，把得奖员工的父母偷偷地请到现场，当着他父母的面发给他奖金，并让被表彰的员工在他父母面前跟大家一起分享一年的表现；

针对有小孩子的员工，在儿童节或其他适当的时候，给他两天时间，让他可以在家里工作；

……

具体的方式有很多，其实最好的方式，应该是让被奖励的人自己去选择。

在美国比较盛行的做法是，立即表扬。除了年度的考核、季度考核、月度的考核外，还要有更多的现场表扬。当你看某个员工表现很好，比如他刚才和客户沟通，做得非常好时，当场可以送给他一个小礼物，或给他一颗星星。有时候更简单，老板拍拍他的肩膀说"表现真好"，这对员工来说就已经价值连城了。很多员工也表示，其实不用给他们其他的东西，只要让他们知道自己表现好，就已经够了。

## 9. 鼓励员工持续参与专业与个人发展训练

每个人不管做什么工作，都不希望自己直到退休都一成不变，始终重复同样的工作。人们都有提高的愿望，都希望不断进步，但是很多人由于眼界不够开阔，知识水平不够，所以不知道如何制定自己的职业发展规划。企业领导者有义务帮助员工发展，不管是个人方面，还是专业方面，你都要为他们提供培训，和他们一起制定详细可行的发展规划。

## 重视和员工的沟通

在给员工自主权的时候，怎么和员工沟通呢？由上司授权的团队需要新的沟通形式。

### 1. 对员工的表现提出建设性的批评

一般来说，你的权力越大，你使用它的机会就要越少。有权力的人都知道，权力在自己的手上，自己可以随时授权。领导者的工作就是让那些表现不如预期的员工有机会知道其实他们可以做得很好，他们还有更大的潜力。举个例子，年度业绩表扬的时候，通常得奖的都是同一些人。他们赚的钱最多，业绩最好，所以每年都能够得奖。

但是，领导者要怎么去帮助那些不是第一名的业务员呢？怎么让他们更进步呢？是对他们生气吗？让他们觉得自己是傻瓜、是笨蛋吗？当然不是。要让下面的人相信，只要他们努力，他们的表现就会更好，这就是给他们自主权，不是让他们想做什么就做什么，更不是用命令的方式或者指挥他们做什么。

在传统的工作团队中，你可以要求员工一切按照规矩行事。在授权的团队中则是要求员工们动起来。命令式的沟通形式（宣布决策、发布命令）

会压抑团队的思考，如果团队领导者仍使用"我是老大，你们必须听我的"这种语气，员工便会认为自己只是奉命行事。授权团队的领导者需要学习询问开放式问题，并培养认真倾听问题的能力。还要让员工相信，他们的表现达不到平时的能力和水平。但是，不可能这么一比较，他们的表现就会好了，只有在受到启发的状况之下，他们才会发挥自己的潜力。

### 2. 对表现不佳的员工也要赞美

赞美那些表现已经很好的人是很简单的，而赞美一些表现没那么好的人，就没这么容易了。但是所有的员工都必须相信自己的力量，相信自己可以有更好的表现。所以对表现不好的人，赞美的时候要用同样的原则。你要告诉他："我相信你，我相信你有这个潜力，我就是因为看到你有这些潜力才聘用了你，但是在某些方面，你可能还有改进的空间。咱们两个拟订一个计划，帮助你进步好不好？这样我们可以一起来达成公司的目标。"

### 3. 与员工同在

在组织里面怎么沟通？很简单，就是把权力还给他们。这是为什么苹果电脑公司是世界上排名第一的公司，因为年轻人都有机会发表他们的意见，但他们可不是想做什么就做什么，他们当然要听高管的安排，要听高管的命令。但是他们有了发言权的话，会让组织更有力量，更能自主自治，因为他们不会害怕上层的权力。

世界上最优秀的领导者与管理者追求价值,并且能够将价值赋予自己带领的团队。这些领导者的座右铭是:如果你成功,代表我也成功。

请培养这样的魔力,时时刻刻在你未来的生命中协助他人成长,并赋予某人你重视的价值。

请记住:这样的感动胜过千言万语或手机上的文字信息。文字信息是最不具人情味的通讯方式,是破坏情感的杀手。你的人和你的心都与你的员工同在,和你的朋友及挚爱同在,这种力量远比你所知的还要强大。有句话是这么说的:"你值得我全神贯注!"

与对方同在,适时给予肯定、鼓励与支持,就是授权的极致表现。

在我的人生里,我学会了一件事情,就是尊重我遇到的每一个人,我和我认识最优秀的人一样好,但我绝不比他人优越。身为领导者,我知道怎么帮助别人成功,告诉他,"如果我能帮助你胜利,那我就胜利了,这样我们两个人都胜利了"。我有知识,我和你分享,我什么都没损失,我没有办法永远留着知识不用,留着又有什么用呢?和别人分享,把最好的都奉献出来,即可得到共赢的局面。

你这一辈子听到的最好的赞美应该是,在你毫无预期的状况和时间下,某个人走过来,在你的耳边轻轻说:"只有和你在一起的时候我才喜欢我自己,因为你可以把我最好的一面引导出来,你会鼓励我,你让我很开心,让我有机会听你讲话,你在乎我,在你身边时我就觉得自己很有出息,我崇拜你,我效仿你,在你旁边我就是喜欢我自己!"

这样的话不是让人觉得活着真美好吗?因为你在这个人的身边,就让

## 应变

这个人的生命更美好，让他呼吸得更轻松。这一点，只用短信做不到，只用电邮做不到，或者用钱也做不到，最美丽的礼物就是亲身在场。我给我的孩子很多钱，但是他们记得的不是钱，而是我们相处的时光。他们记得在学校演练的时候我会过去看，他们参加体育竞赛的时候我会去看，我会在一旁鼓励他们，点头表示认可，这对他们来说意义重大。

# 10

## 成为真正的应变大师

**你**大概还没意识到，你正在迈向成为应变大师的路上。成为应变大师并不是你的最终目的，协助、辅导部属，让他们能在你的领导下获得启发，进而具备应变大师的卓越出众能力才是你的终极目标。成功是学习、分享、成长与迎接改变的过程。生命中的两大悲剧就是：一个人从未拥有值得自己努力的梦想，以及虽有梦想却未实现。

## 珍惜时间和健康

　　孔子说过："智者动，仁者静。智者乐，仁者寿。"常常动的人，会变得很快乐，更满足，更有智慧，也就是"智者动，智者乐"，你越有智慧，就越容易感到满足。我是一个快乐的人，但我还有很多事情想做，我想要不断地改变自己。可是，我们无论用什么办法，也不能挽回逝去的时间。

在我们所得到的智慧中，有两个最重要的感悟：时间与健康是我们最珍贵的资产，但我们却常常将其视为理所当然，直到两者都消逝了才觉得感慨。有了健康，时间就是生命的原料。现在每一个活着的人每一个星期都拥有168个小时，科学家无法替我们创造额外的时间，即使是再有钱的超级富豪也买不到时间。英国诗人拜伦说过："没有方法能使时钟为我敲已过去的钟点。"时间无法倒流，我们绝对不可能拿得回来逝去的时间。

即便如此，时间还是非常公平、慈悲的。不论你过去浪费多少时间，明天醒来，你依旧拥有24小时，分毫不减。你不可能把时间存起来，你可以浪费它，但没有办法把它存起来。英国女王伊丽莎白曾是全世界最有权、有势、有钱的女人，在临终前，她轻声对她的医生说："我希望能够多活一秒钟，可以享受我的帝国。"医生说："我没有办法再把生命还你了，因为时光已经耗尽了。"

问题不在于时间，而是在于我们学会如何在事业与个人生活间取得平衡。身为一位应变大师，你我要能够宏观地看，自我拓展，自剖，自省。培根说过，合理安排时间，就等于节约时间。作为领导者，一定要学会时间管理。

时间管理并不是要把所有事情做完，而是更有效的运用时间。时间管理的目的除了要决定你该做些什么事情之外，另一个很重要的目的是决定什么事情不应该做。

根据帕累托原则，生活中80%的结果几乎源于20%的活动。比如，在企业中20%的客户带来80%的业绩，另外80%的客户只带来20%的业绩。世界上80%的财富被20%的人掌握着，世界上80%的人只分享了20%的财富。因此，我们需要将要做的事情根据优先程度分先后顺序。80%的事情只需要20%的努力。而20%的事情是值得做的，应当享有优先权。因此要善于区分这20%的有价值的事情，然后根据价值大小，分配时间。

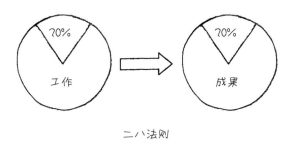

二八法则

根据这一原则，我们应当对要做的事情分清轻重缓急，进行如下的排序：

重要且紧急——必须立刻做。如处理危机、完成有期限压力的工作等。

重要但不紧急——只要是没有前一类事的压力，应该当成紧急的事去做，而不是拖延。如防患于未然的改善、建立人际关系网、发展新机会、长期工作规划等。

紧急但不重要——只有在优先考虑了重要的事情后，再来考虑这类事。人们常犯的毛病是把"紧急"当成优先原则。其实，许多看似很紧急的事，拖一拖，甚至不办，也无关大局。如不速之客、某些电话、会议、信件等。

既不紧急也不重要——有空闲时间再说。如看电视、打游戏、上网聊天等。

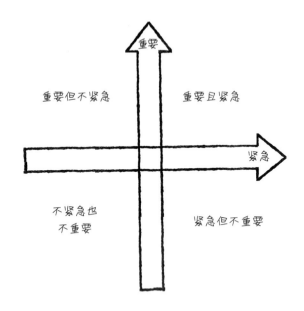

一般来说，人们都知道既不紧急也不重要的事完全可以舍弃，那些紧急但不重要的事可以适当地收缩。这样就可以节省很多时间，但是人们在对待重要且紧急的事以及重要但不紧急的事时，往往有错误的理解，很多人更多地把时间用在处理重要且紧急的事情上，使自己长期处于高压力的工作状态下，就像救火队员一样，经常忙于收拾各种烂摊子和应付各种危机，甚至疲于奔命。长此以往，既不利于个人的健康，也不利于工作效率的提高。

企业里有各种大大小小的事务，每个企业领导都是大忙人，有些员工也是如此，加班是家常便饭。而且越是忙碌，工作质量越是不尽如人意。工作效率越差，越容易通过加班来补。于是，就形成了恶性循环。不但身体越来越差，精神状态越来越不济，自信心也会受到严重打击，怀疑自己是否适合这项工作。

大多数时，我们把心思、时间与精力不断地耗在工作的琐碎细节上，而将与家人和朋友共度美好时光、享受美好日常生活的时间，排在较低的优先级，甚至完全忽略。我们挚爱的人能够谅解我们必须忙着处理急迫的工作，但是多年后，我们却很难理解为什么当我们终于有时间和他们相处时，他们却似乎有其他的事情要忙。

其实，很多真正重要的事情，我们不一定能马上意识到。像是太阳要落下去了，它可不会打电话给你说"我要下去了"，海洋也不会发电子邮件给你，花朵也不会打电话说"我正盛开着，请你来看看我"，甚至你孩子也不会打电话给你说"我想你"，但是你的事业永远会推着你跑，给你压力，这是急迫的。所以，重要的事情和急迫的事情之间一定要学会找到平衡，这就是为什么你在设定目标的时候，确保一定要设定很多的个人目标，用个人目标去均衡那些事业上的目标，不要等到有钱以后再去实现个人梦想。

我属于大器晚成，时近暮年才开始赚到钱，但是我很高兴我在那之前享受了我的人生。你又如何呢？你是否好好地去检视自己的人生，是不是能找到自己需要改进的地方？

企业领导者不但自己要学会管理时间，也要帮助自己的下属合理安排时间，提高工作效率。这样才能更好地投入工作。要知道，任何工作都不能以牺牲员工的身体健康为代价。我们现在提倡的快乐工作，就是要让每一个人都能开开心心、健健康康地完成每一项工作。

健康是人的基本权利。较之以往，人们的健康观已经发生很大的变化，不只局限于身体无病无痛，而是包括身体健康、心理健康、心灵健康等各方面。现在有很多上班族都处于"亚健康"状态。虽然没有明确的疾病，但却出现精神活力和适应能力的下降，如果这种状态不能得到及时的纠正，非常容易引起身心疾病。

## 追求美好的人生

美国哲学家拉尔夫·沃尔多·埃默森(Ralph Waldo Emerson)告诉我们："经常开怀大笑，赢得智者的尊重与儿童的喜爱，学会欣赏诚实的批评并承受损友的背叛，欣赏美的事物，发掘他人的优点。让世界更美好，不论是养育一个健康的小孩、种一小片花园、改善社会条件或者把工作做好，了解另一个生命会因为你的付出而过得轻松一些。能做到这样，你就成功了。"

应变大师的生活应该是和谐、平静的，从过去的经验中学习，但不活在过去。成功在于你如何收藏快乐的回忆；你花了好几年达成一项胜利，然后却只花几天的时间享受成功的滋味。成为真正的应变大师是要审视内心，了解自己想要成为什么样的人。

过去三十年，我曾让印度尼西亚、菲律宾的很多富豪都好好地检视自己的人生，看他们是不是可以找到自己需要改进的地方。你可以从应变大师的角度去剖析自己的人生，去拓展自己的人生视野，这个概念就叫人生之轮。

请看下面的"自我面向表"，看它们是否适用于你的人生，并衡量适用率是多少，最低10%，以10%递进，最高100%。

## 自我面向表

| | 10 | 20 | 30 | 40 | 50 | 60 | 70 | 80 | 90 | 100 |
|---|---|---|---|---|---|---|---|---|---|---|
| 1. 我有好几位知心好友 | · | · | · | · | · | · | · | · | · | · |
| 2. 我每天冥想、深思 | · | · | · | · | · | · | · | · | · | · |
| 3. 我每天都有朝气地运动 | · | · | · | · | · | · | · | · | · | · |
| 4. 我享受和家人共度的时光 | · | · | · | · | · | · | · | · | · | · |
| 5. 我已经定下财务目标 | · | · | · | · | · | · | · | · | · | · |
| 6. 我很满意我的工作 | · | · | · | · | · | · | · | · | · | · |
| 7. 我参与社区事务 | · | · | · | · | · | · | · | · | · | · |
| 8. 我喜欢阅读书籍 | · | · | · | · | · | · | · | · | · | · |
| 9. 我很容易结交到朋友 | · | · | · | · | · | · | · | · | · | · |
| 10. 我已经订立精神目标 | · | · | · | · | · | · | · | · | · | · |
| 11. 我的饮食营养健康 | · | · | · | · | · | · | · | · | · | · |
| 12. 我会写信或打电话给家人 | · | · | · | · | · | · | · | · | · | · |
| 13. 我的收入达到自己设定的目标 | · | · | · | · | · | · | · | · | · | · |
| 14. 我参与创意工作 | · | · | · | · | · | · | · | · | · | · |
| 15. 我是小区协会的一员 | · | · | · | · | · | · | · | · | · | · |
| 16. 我出席研讨会、参加课程 | · | · | · | · | · | · | · | · | · | · |
| 17. 我喜欢社交 | · | · | · | · | · | · | · | · | · | · |
| 18. 我上教堂或寺庙 | · | · | · | · | · | · | · | · | · | · |
| 19. 我定期运动 | · | · | · | · | · | · | · | · | · | · |
| 20. 我喜欢家庭成员聚会 | · | · | · | · | · | · | · | · | · | · |
| 21. 我订立储蓄计划 | · | · | · | · | · | · | · | · | · | · |
| 22. 我已经达成专业目标 | · | · | · | · | · | · | · | · | · | · |

（续）

|  | 10 | 20 | 30 | 40 | 50 | 60 | 70 | 80 | 90 | 100 |
|---|---|---|---|---|---|---|---|---|---|---|
| 23. 我自愿参加社区计划 | · | · | · | · | · | · | · | · | · | · |
| 24. 我收听学习节目 | · | · | · | · | · | · | · | · | · | · |

自我面向表的目的在于评量你生命中的重要层面，例如问题 1、9 和 17 与个人社交生活有关。请选择并圈出符合个人情况的黑点。

将上述 24 道题目分为 8 类，每道题目所选中的百分比分数，转换成下面均衡生活表中相应数字。

## 均衡生活表

| 社交 | 精神 | 生理 | 家庭 |
|---|---|---|---|
| 1._____ | 2._____ | 3._____ | 4._____ |
| 9._____ | 10._____ | 11._____ | 12._____ |
| 17._____ | 18._____ | 19._____ | 20._____ |
| 总分_____ | _____ | _____ | _____ |

| 财务 | 专业 | 小区 | 心智 |
|---|---|---|---|
| 5._____ | 6._____ | 7._____ | 8._____ |
| 13._____ | 14._____ | 15._____ | 16._____ |
| 21._____ | 22._____ | 23._____ | 24._____ |
| 总分_____ | _____ | _____ | _____ |

将自我面向表中的百分比分数转换成上述空格中的数字后，在每个标题下方记下生活中人个层面的总分，并把它画在生命之轮上面（见图二）。

通过图二，你可以从宏观的角度看自己的生命。不管在生命之轮上，

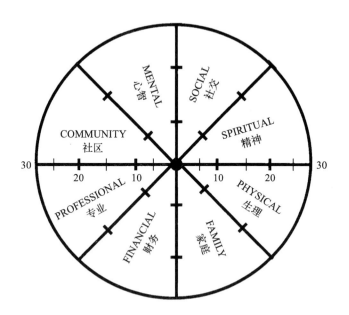

将均衡生活表中八个类别的总分换算成生命之轮,用铅笔沿着各类别标题下方的轮辐,在相应的点标示你的百分比。

画好八个点之后,将它们沿着轮子连接成一个形状,如此便可得知个人内在生命之轮的模式与结构

**图二　生命之轮**

你画出的形状如何,这都是你人生的现状,因为它反映出现在你的人生里面什么比较重要。至今我还没看过一个完美的轮子。但是我知道中国人的想法,看到自己画的形状,就开始害怕了,决心以后要画出一个完美的轮子。人生不可能十全十美的,这边高了,另一边可能就要降低。通过这个轮子,你应该明白你希望未来如何,而不是它必须如何。

有时候用视觉的方式去看清自己的人生是很重要的,你可以很方便地找出几个你希望可以成长的地方,然后集中精力,去改变你的生命之轮的形状。

请认真思考你在生命中想要改善的重要层面,在接下来的 90 天里采取正面积极的行动,按部就班地让你的生命之轮在人生这条高速公路上更顺畅地转动。

改变是不变的规则,不是你的主宰者。未来掌握在自己手里,欢迎你加入全球人口中 10%的顶尖人士——应变大师的行列。